阿吉伯與簡骨科

作者 于劍興
畫作 謝良吉

普願眾生離病苦

慈濟基金會創辦人
釋證嚴

人生最苦，莫過於病；而最懂得傾聽、解除病患之苦的，莫過於醫師。尤其是用心、細心、耐心，具有同理心的好醫師。在我的心目中，大林慈濟醫院的簡瑞騰副院長，就是這樣一位用心貼近病患，無畏繁瑣、不懼困難挑戰的大醫王。

簡副院長從一九九二年退伍後，就來到花蓮慈濟醫院服務，受教於骨科陳英和院長，承襲恩師傾囊相授的醫術，及視病如親、全人醫療的醫德；二〇〇〇年，大林慈院落成啟業，他如願回到家鄉，將一身絕技奉獻給家鄉父老。

南部的鄉親長輩一生在田裡彎腰勞作，不免會有骨頭酸痛、肩膀僵硬和膝蓋疼痛的症狀，只要簡副院長看過的病患，症狀都能根除或緩解。尤其他個性幽默風趣，臺語很溜，俚俗諺語運用自如，一開口馬上就能拉近與鄉親的距離。重要的是他迫切想要為病患解除病苦，那分來自本性天然的醫者悲心。

於是，像謝良吉這樣罹患僵直性脊椎炎近三十年的嚴重病患，又經歷兩次中風，腰椎駝背變形超過一百度，胸腹部擠壓在一起，頸椎旋轉脫位，下巴垂到前胸，舌頭外露、口水直流的形態；相信初見面的簡副院長內心驚駭之餘，不免納悶：「為什麼會拖到這種程度才來就診？」奈何他已是妻離子疏，只能蜷縮在家中的社會邊緣人。無時不在的痠痛啃噬，讓他求生不得，求死又不能，跑過各家醫院都沒有結果；我們不救，誰來救他出離病苦呢？

治療的過程是很辛苦的，醫師的用心和病患的全然信賴，如同奇蹟一般，使謝良吉在短短三個月，身體就能平躺、站立和走路。但是後續還有很多手術和復健要進行，病患的心有時也會失望和沮喪，幸好我們慈濟醫院有很多富有愛心、耐心的志工，填補了醫療的空缺；看到鶯鶯和陳菊如同疼惜孩子般，用一顆鍥而不捨的心終於敲開病患緊鎖的心房。

長期受到病苦的折磨，和經濟的窘迫，加上與家人關係疏離，使得謝良吉不只身病，心更陰翳沉鬱，幾乎自暴自棄。從他被送來大林慈院的那天開始，不僅在醫療上得到完整的照護，在心靈上，志工菩薩不離不棄的陪伴，漸漸打開他的心扉。甚至送到療養院後，志工菩薩還是定期的造訪與陪伴，陳菊菩薩又鼓勵他拿起畫筆作畫。素人畫作，純乎自然，讓他與最清淨的自己對話，大林慈院還為他舉辦畫展，讓他完成回饋社會的心願！

我感恩，感恩醫療團隊的合心協力，拯救病人脫離病苦深淵；還要感恩志工用愛作伴，撫慰病患淒苦無助的心靈；更要感恩患者示現病苦，讓人人體解生命苦空無常，更要珍惜有限的人生造福社會大眾。最後，仍要感恩大林慈院公傳室于劍興主任用心記錄，期待筆底生風雲，繼續為大林慈院的醫療史譜寫感人的篇章，見證現代緊張的醫病關係也有美善的人情馨香。

培人文育良醫 見證愛的醫療

慈濟醫療志業執行長
林俊龍

《阿吉伯與簡骨科》這本書的出版，讓我想起在大林慈濟醫院擔任院長時的美好回憶。

阿吉伯，是二〇〇〇年大林慈濟醫院啟業後，隔年就出現在急診室的極度困難治療病患。年輕的簡瑞騰醫師在老師陳英和院長的鼓勵與指導下，勇敢收治了這位求醫無門的病患。當時阿吉伯脊椎嚴重彎曲，舌頭受壓迫吐出口外，命在旦夕，隨時都有窒息的可能。經過簡醫師以牽引、開刀等方式治療，終於搶回生命。

不過，阿吉伯的治療，可以說到了今天都沒有結束，身體疾病的治療會告一段落，但心靈的關懷從未停止。長達十三年的醫病互動，一直延續到現在；醫院和人文志業同仁的關心與志工的愛，亦從未間斷。

慈濟醫療除了發揮專業搶救生命，更重要的就是人文關懷的展現。醫療人文就是將幸福美滿留給患者，將問題、擔心與困難讓醫護承擔。

雖然阿吉伯的病症表面看起來只是脊椎嚴重彎曲，但其他問題也是很多，需要一一解決。對簡瑞騰醫師也就是現任的簡副院長來說，一旦開刀開不好，阿吉伯不是會癱瘓，就是生命從此結束，也難怪其他醫師拒絕為他動手術，才輾轉流浪到了大林慈院。感恩簡副院長一肩扛起所有的困難、責任與煩惱，完成極少醫師願意去嘗試與承擔的治療，這就是慈濟醫療人文最好的寫照。

先醫病，再醫人，最後醫心。只要病人有需要，我們醫療人員想辦法也要使命必達，搶救生命。阿吉伯接受治療雖預後良好，後來卻又遭逢中風須臥床，醫師眼見沒有辦法讓病人從此幸福美滿，壓力更大。幸有志工陪伴醫病一同走過艱困期，是醫人醫心的大助力。

中風後的阿吉伯，肢體活動雖然受限困頓，但在醫療志工與簡醫師全家持續探視下，終於開啟心靈，自由翱翔在彩筆與畫紙之間。阿吉伯在大林慈院辦了畫展，還賣畫募愛心幫助貧病。現在他的畫作與故事又經過大林慈院公傳室劍興記錄集結出書，點點滴滴的人文足跡，見證慈濟醫療志業的本質，那就是醫人、醫病、醫心，還有全人、全家、全時、全程的照顧。

簡瑞騰副院長在花蓮慈院接受骨科住院醫師訓練，師承陳英和院長、于載九主任。學成後，從花蓮回到故鄉嘉義大林服務，回饋鄉梓。從大林慈院啟業加入到現在已經十五年，他的醫療專業持續成長，人文成長更是有目共睹。初來的簡醫師比較高傲，對同仁要求非常嚴格，但是出去參加幾次慈濟義診之後，有了很大的改變，謙遜親切加上專精醫術，一切以病人為中心，醫病、醫人又醫心的作為，是慈濟人醫的典範。

《阿吉伯與簡骨科》是一本值得閱讀、真情流露的好書，特此為序，誠心推薦給廣大讀者。感恩。

視病猶己的醫者情懷

花蓮慈濟醫學中心名譽院長
陳英和

謝良吉先生的乖舛人生來自他的重度僵直性脊椎炎，如果不是因為這罕見疾病，他也將和大部分的你我一樣，過著平淡而正常的生活。無奈疾病的降臨，扭曲了他的身體、脾氣、事業、家庭，甚至整個人生。

為何是他被上天雀屏中選，罹患怪病？從醫學的角度來看，其實他是代人受過。重度的僵直性脊椎炎和很多罕見疾病一樣，在一大群人中會有一定的發生率，會固定有幾個人得病，這是屬於隨機發生而無法預防，所以如果阿吉伯沒有罹病，必然有其他人，甚至就是你或我被老天選中。因此，可以說他是李代桃僵，為我們承受了生物法則下的原罪。從這個觀點來看，他不是和我們沒有關係的別人，罹病的他可能是我們的家人，甚至是我們自己。

簡瑞騰醫師自然了解這層道理，所謂「人飢己飢、人溺己溺」，原本就有前述學理上的根據；視病猶親、視病猶己，自然就成為他的醫病關係的準則。

面對高難度的病例如阿吉伯，這是連他的老師也沒有處理過的困難病例，是否要收案治療？簡醫師以病人為中心的思維和對僵直性脊椎炎的了解，以及手術技術的掌握，讓他能夠做出正確的決定。

簡醫師是有能力進行這項手術的，但若同意進行手術，必然讓他承受非常大的壓力，有太多的未知、擔心，和各種風險等著他，畢竟這是一個世紀大手術；而如果他拒絕了病人，他可以落得輕鬆，但阿吉伯卻連活命的一絲機會都沒有了。

思考接納病人的同時，也要確認自己動機純正。決定動刀，並不是為了日後功成名就，更要避免過於積極的治療，導致愛之適足以害之的傷害。醫師誓言的第一條是「你的醫療不可反而造成病患傷害」，所以一切想法和做法都以對病患有利為首要考量。

簡醫師最後決定承擔起這項艱鉅的任務，在周全的準備下，竭盡所能為阿吉伯動刀，終於搶救了命在旦夕的阿吉伯，也讓他有再重新站立的機會。

醫病、醫心、醫人、關心病人家庭，以及出院後繼續照顧的「全人醫療」是現代醫療的目標，但是在醫療團隊有限人力的侷限下談何容易，無法給自己的病患完全的關心和照料，常是很多醫療人員心中的遺憾。

此時，醫療志工無疑的提供了最好的補位，他們的奉獻和努力彌補了現代醫療的不足，讓全人醫療能夠實現，也讓醫療人員不再遺憾。陳鶯鶯師姊和陳菊師姊對於阿吉伯的呵護照料正是典型的例子。假設若非她們的參與介入，縱使簡醫師為病人完成了最艱難的手術，治好了病，但是病患的家庭支援不足、離院後的疏於照顧，必然令一切又回到原點，更不可能有後來奮起學畫，與人為善等正向面對生命的轉變。

醫院是生命和人性的舞臺，感恩于劍興先生善盡文責，以他在醫院工作的有利位置，近距離觀察這家鄉下醫院上演的偉大故事，記下了阿吉伯就醫這一路不平凡的歷程。書中刻劃了舞臺上各個角色人物，呈現了時空交會時各自的觀點和感受，由此讀者可以深入了解病家所求、醫者情懷，以及志工的發心立願，並體會人間的溫暖，生命的珍貴、無奈，和人性的光輝。

從怒目金剛到歡喜菩薩

大林慈濟醫院副院長
簡瑞騰

「簡主任，其實阿吉伯所畫出來的你，的確和以前不同，以前是年輕氣盛，現在是穩重的菩薩。沒錯，大家要彼此感恩，阿吉伯曾經是一個孤獨的人，生活落魄，好在有這群人間菩薩用七、八年的時間在陪伴，你們都是他生命中的貴人。」

證嚴上人開示（二〇〇九年四月九日，志工早會）

算算，已經整整十三年了。來到大林慈濟醫院工作的第二年，我就和阿吉伯結下了這段「福緣」。阿吉伯讓我學習到：醫生，不只拯救生命「機能」，同時也要啟發生命「良能」。

二〇〇一年底，謝良吉從臺南被緊急轉送到急診室，生命在旦夕呼吸間，一路顛簸難熬。回顧整個醫病互動過程，最驚悚的畫面，當然是在急診室初次瞥見那位奄奄一息、半躺著的阿吉伯。看似「怒目金剛」，實則「不成人形」。最興奮的一刻，是頭顱骨牽引十二天後，他的舌頭回縮而重新開口說話的那一瞬間。最巨大的轉折點，則是頸椎手術成功後，我一直猶豫要不要進一步矯正腰椎駝背變形時，阿吉伯回過頭來對我說：「你給我氧氣，我給你勇氣！」是他鼓勵我勇敢放手做下去！

而最低潮痛心的一幕，就是二〇〇五年我剛從美國進修回來，睽違已久竟看到一年不見的阿吉伯蜷縮在陰暗的安養院一角，宛如風中殘燭，了無生趣。當下我內心不禁浮現出電影「潛水鐘與蝴蝶」中的這句話：「When his body became his prison…」當他的身體變成他的監獄；而把他禁錮起來的人，不是別人，竟是信誓滿滿要讓他能夠抬頭挺胸、昂首闊步的我！

所幸，雖然彷彿命中注定般，考驗一波波不停來襲，幫助阿吉伯的貴人卻也一個個不斷湧現，即使身形依舊如同被潛水鐘壓制著一般不得自由；但心靈卻早已透過彩筆，如蝴蝶破繭般，綻放出五顏六色的繽紛。

二〇〇九年四月，終於到了最法喜的時刻，我親眼看著這位歷經劫難但已然蛻變為「歡喜菩薩」的阿吉伯，把自己畫展的義賣所得，緩緩而堅毅的以雙手親自呈交給證嚴上人。

「阿吉伯我也見過，從他開刀前、舌頭還伸得長長的，我就去病房探望過。身體的病，除了有良醫之外，病人本身的意志力也很重要，兩者配合才能解脫病苦；心靈的病，需用法醫治。阿吉伯不只勇敢面對病苦，而且「法入心」，顯示於畫中，故能立志堅毅，彩繪出嶄新的人生。」

證嚴上人開示（二〇〇九年四月六日，志工早會）

醫生，不只醫「身」，更要醫「心」。醫病關係，可以冷冰冰如買賣、如交易；也可以熱呼呼如摯友、如家人。冷熱之間，端看一個「緣」字。佛家說「殊勝因緣」；基督教說「奇異恩典」；臺灣話說「醫生緣，主人福」。

但行醫這些年來，我覺得，更多時候是「主人緣，先生福」。因著治療這些重症患者的「緣」，醫師反而得到更多更大的福報。我與阿吉伯所結下的福緣，不就是最好的見證？

前幾天接到陳菊師姊電話，阿吉伯又吵著要來看我。臺南到大林，路上依然雲淡風清，但他心裡，除了「過去種種，恍如隔世」的感嘆外，我想一定更多了一分的輕安自在。而阿吉伯這十多年來不平凡的人生旅程，血水、淚水、汗水交織，處處充滿驚險，也不時迸出驚喜。感恩劍興的銳筆，從四位主角人物的觀點出發，把他從求生、重生、到圓夢的點點滴滴，刻畫得淋漓盡致。

感恩陳英和院長不但無私傳我一身功夫，更一路相挺，讓我隨時可以求救。感恩鶯鶯師姊呵護膚慰，更勝於親姊弟般。感恩陳菊師姊長期愛的接送陪伴外，還得有求必應。感恩大愛臺金容師姊，專業上的影像紀錄外，更用彩筆啟發了阿吉伯後半輩子的生命能量。也要感恩與我一同作戰的醫療團隊所有成員，因為大家的護持，每個環節才能順利平安。

最最感恩的是證嚴上人的一念悲心，建造了大林慈濟醫院這座救命救心的寶塔，讓醫者、患者、志工都能互為生命中的貴人！

謹序於二〇一四年醫師節。

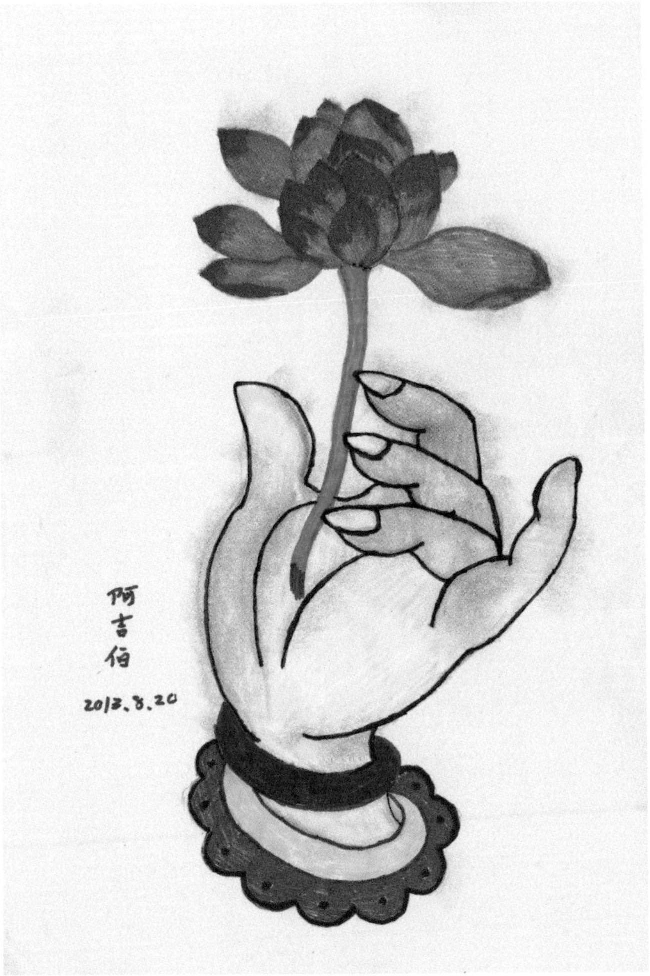
阿吉伯
2013.8.20

目錄

第一章
我是謝良吉

第二章 叫我簡骨科

第三章 大林的姊姊

第四章 臺南的妹妹

阿吉伯小時候在住家旁有教堂，前
面有廣場，是小朋友玩樂的天堂。

跳繩以外，當然還有最愛的棒球，以竹子當球棒，鞋子當本壘板。

第一章

我是謝良吉

狼狽

「你好好人，哪無欲去吃頭路？」

「這個人一定是卡早做歹，現在才會變成這樣！」

累積了好多年的忍耐功力，當謝良吉再聽到鄰居這樣「好意」相勸，或是面對充滿疑惑的眼神時，心頭難免還覺得有些難受，但早就不像過去那般著急地想試著為自己辯解。彎著腰像行九十度鞠躬的他拄著用釣魚竿改成的拐杖，總能輕易地擠出一絲看不出情緒的笑，希望那些人在下一秒就識趣的自動消失。唉！誰能體會一年四季、每個暗暝都得睡在客廳孔雀椅上的僵硬，每隔一段時間得要喬一下的僵硬身軀；那好似被橡皮筋彈到後從腳底盤旋而上的酸痲，苦啊！誰知道那有志難伸的鬱卒，更苦啊！說了，有誰願聽？如果有辦法，誰想要這樣行屍走肉的日子。

「如果你是老闆，會想要身體比氣象局還準、三天兩頭生病請假的員工？」也罷！說了也沒用，懶得說了！連哥哥都常常數落他怎麼老是想偷懶，於是，謝良吉大半時間裡都把自己好好藏在家裡，只有在過去的朋友、跟班的「細漢」來訪時，得到一點老生常談後做為人的尊嚴；以及，在一杯杯黃湯下肚後感嘆曾盡情揮棒打球的豪情！才剛到半百的人生，卻早在當兵時就出現僵直性脊椎炎的症頭，輕則酸痛，當嚴重發作時，身體根本不是自己能作主。四十歲時，脊椎呈現九十度鞠躬般，有的是再也挺不起男子漢的胸膛。他常覺得自己像一把L型的尺，整天坐在椅子上，出門時，那上身伏在機車手把上騎車的英姿，總能在等紅綠燈時，吸引一大堆足以殺死成群蚊子的好奇眼神。

那一晚，在臺南市區那家大醫院折騰許久的謝良吉，終於躺在搖搖晃的救護車上往北邊的城市前行。車頂上噫喔、噫喔的聲音，聽了覺得心煩，好吵！好歹離開了他難以忍受的醫院：「真的不把我當人看，如果不敢動刀，就早點說嘛！」但下一刻要前往的大林，卻壓根沒去過，又有什麼樣的狀況在等著自己？

當警笛聲瞬間安靜，車子也慢了下來，然後，像是滑動一小段路、靜止。前座的駕駛身手矯健的開門下車，幾乎是用跳的出去，沒兩秒鐘吧，謝良吉永遠記得當救護車側門被拉開時，眼尾餘光瞄到的那位年輕醫師，在看到自己後瞬間轉變的表情有多麼戲劇化，謝良吉心想，眼睛幹嘛瞪得那麼大，不怕眼珠掉出來喔！

「先辦住院再說吧。」醫師說完就避開原本兩兩相望的眼神，跟著推床一起進到急診室。

唉！也不能怪醫師，誰叫自己的樣子像垂死的怪獸那麼嚇人。謝良吉的頭像顆消風的籃球無力地歪斜在右胸前，右眼被壓迫到睜不開，舌頭外露、口水猛流，一根鼻胃管垂在肚臍上活像身體的一部分。醫師問話時，謝良吉依依啊啊地地說了半天有多苦、多痛，但只看到醫師猛搖頭的無助眼神，就算神仙也聽不懂他在講些什麼。

「在臺南大醫院的醫師都落跑、放棄我了，大林慈濟的醫師看起來好年輕……，甘有法度？」謝良吉睜著還能張開但中風後就變得模糊的左眼，上上、下下打量著醫師的臉，也許會透露出對病情看法的蛛絲馬跡。護士小姐過來抽了好幾管血，幾分鐘後，穿著藍色衣服的人推著謝良吉的床往門外走。「真的不敢期待醫師是否願意大膽地嘗試，我只擔心死後找不到合適的棺材來放我這個變形的身軀。」

進到一個滿是白色的房間裡，謝良吉猜想大概是要照X光。只是，抱著他躺上冰涼檢查臺的竟然是自己懷疑比例遠超過信任的醫師。這是什麼情況？謝良吉心裡覺得很納悶，這服務會不會太好了些，這是醫師呢！看著醫師胸前嶄新名牌上的大頭照，和本人很相款，白淨的臉上有忙碌一天後冒出的鬍渣，紅的透光的嘴唇加上雪白的牙齒。「骨科」、「簡瑞騰醫師」，謝良吉默讀著名牌上的字，心情親像一道金黃的陽光灑進已屆盡頭的寒冬。

其實，生了一輩子的病，謝良吉怎會不知道自己的狀況還能有多糟呢？尤其這一年來接連的中風，現在因為舌頭跑出來見人，連飯都沒辦法吃，甚至，下一秒鐘是否還能喘氣都沒人敢保證，但做人不都是這樣，只要有口氣在，總覺得還是有逆轉勝的希望，就像國中時代表「南英」去參加全國的棒球比賽一樣，歷經平手、延長，最終把冠軍抱回臺南。反正，他覺得醫師應該老實、勇敢一點，不然，是要病人怎麼辦？

經過一個晚上的坐車顛簸、檢查折騰，謝良吉在陌生的大林迎接第一次的日、夜交換。一大早就有位小女生跟著昨晚那位簡醫師來查房，還不用上學嗎？但如此相遇的結果真的不太迷人，小女生看到他的那一刻，哭得很慘，雖然很快就被帶離病房，但房門外、長長的走道上彷彿都縈繞著驚恐的啜泣。

沒多久，謝良吉知道那個被自己嚇哭的小女孩是簡醫師的大女兒，多幸福呀！想想自己小時候，也有個嚴肅但疼愛自己的父親，在家裡的洗衣店忙碌竟日後，父親會在晚餐後要睡覺前，帶著他去「金龍冰淇淋」，喝杯涼到心肝底的紅茶。而這一刻，想不通為什麼會把自己活得如此狼狽？

七股的西瓜大又甜，甘蔗也多。每當收成時節來到，歡喜沒得比。西瓜一牛車，都是阿吉伯小時候的印象，還看過人家嫁娶用轎子呢。有燕子四處飛掠，表示，天要黑了，蚊子也變多了，燕子也來吃蚊子。遠山的太陽轉成金黃，準備要下山了。圖畫中還表達出重男輕女，男生坐牛車，女生在後面推。

良吉

民國四十年的平安夜，位於臺南東林路的謝家洗衣店，添了個壯丁，既然是良辰吉時所生，帶著「娶妻前、生子後」好吉兆的父親，索性就為這個男嬰取名「良吉」。上面有一個哥哥、兩個姐姐，排行老么的謝良吉，一出生就註定被寵愛的劇情，也悄悄地形成謝良吉從小到大不曾改變的硬脾氣。

當時的臺灣，聖誕節可不若現在像是全民運動一樣，滿街充斥著過節的氣氛。但隨著美援時代的開啟，走在街上的人、身上穿的衣服、耳邊飄盪的音樂……，都開始變得有些不一樣。在謝良吉出生的兩年前，國共內戰與國民政府敗退，美國發表「對華白皮書」宣布放棄國民政府。隨著韓戰爆發，中共暫時沒把焦點放在臺灣。美國宣告臺灣海峽中立，然後開始協防臺灣並提供物資給國民政府。一年半後，美軍顧問團成立，美國與臺灣簽訂「中美共同防禦條約」，隔年一月一日美國太平洋司令部在臺北成立美軍協防司令部，這個時候的臺灣已有超過五千位美軍，若再加上隨行眷屬，已接近一萬人。

金髮、碧眼，講話像含著滷蛋叫人聽不懂五四三，不管臺南街頭的風情如何轉變，隨著戰爭與對立而來的第七艦隊協防臺灣海峽，尤其是那援助物資，消費需求，對於拿香拜祖先、神明的謝良吉一家人來說，有很大的幫助。

打開後門就是向南、往北無限延伸的鐵道，離臺南火車站只有一百公尺的兩層透天厝，是謝良吉的父親租來開洗衣店的地方，正確的說應該只能算一樓半，二樓的平臺是拿來晒洗好的衣服。從謝良吉有記憶以來，轟隆隆的火車引擎聲簡直比鬧鐘還準時地，在每一個上午、下午、晚上定時地緩緩接近，然後緩緩離去。那個時候如果想要講話可得扯破喉嚨似地大喊，不然別想對方聽得到，只是，負責洗衣的媽媽和負責燙衣服的爸爸，就像是時鐘裡大小相接的齒輪，日復一日地不曾停下腳步。他們忙起來的時候根本無暇講話，也不理會在一旁耍賴要找人玩的謝良吉。

還沒上國小時，謝良吉已經是爸媽的小幫手。他跟著媽媽爬上二樓，當媽媽把剛洗好的衣服、床巾、桌巾……，一件件攤開、甩平，然後掛上用鐵架撐起的麻繩後，他幫忙用夾子固定住。一排又一排大大小小、或白或紅，就像是萬國旗般在陽光下舞動，謝良吉喜歡在衣物之間瞇著眼，向上望去想看明白太陽的模樣，但總是沒多久就眼冒金星。

如果碰到沒太陽的日子，就得把成堆的衣服丟進燒柴油的烘衣機裡，在陣陣刺鼻的氣味中耐心等候。那時洗衣店裡會請很多師傅來幫忙。第七艦隊、鐵路餐廳，還有天公廟旁的阿霞餐廳，只要有客人願意上門，謝家的洗衣店總是多多益善，來者不拒。謝良吉記得店裡總有二、三十個大人忙個不停，爸爸發現他看大家做事看得入神，就教他怎麼在五、六呎長的木馬上燙衣服，那特製的熨斗有十五磅重呢，燙的時候必須要加漿，然後用力，這樣才會有眉角出來。

父親有一張圓圓的臉，脾氣，不算好也不算壞，很會營生的他開洗衣店、買賣美軍的電器配給，還養狗配種來賣小狗。謝良吉從小就長得像是父親的翻版，到現在他都覺得自己真的是好命底，除了沒完沒了的病痛以外。放假時，父親曾帶他坐上七、八個小時的火車到臺北玩，或是去高雄的阿嬤家。小朋友的耐心有限，要在洗衣店待上一整天可不容易！「來，和阿爸去成大送衣服。」謝良吉每天最期待的就是聽到父親的召喚，又可以出門去溜達了。

那是臺美軍進口的德製鐵馬，骨架扎實堅固，被父親擦得閃亮耀眼。他在後斗上放了一個大竹籠，裡面一層層堆滿融合著洗潔劑和陽光的氣味，謝良吉熟練地爬上鐵馬龍頭與座墊間的橫桿。每次父親送衣服給客人時，謝良吉就守在外頭的鐵馬旁，幫忙顧等下要繼續送的衣服。

每天關起了洗衣店的大門，父親會趁著睡覺前的空檔，帶著謝良吉到火車站附近的「金龍冰淇淋」，總是不曾變化的和老闆叫一杯冰紅茶，謝良吉覺得父親怎麼這麼愛喝呀？但不管如何，能出門兜兜風就夠了。

謝良吉那天終於見識到父親盛怒的模樣，和平時顯得沉默的容顏判若兩人，雖然已是幾十年前的光景，到現在想起來仍覺得皮皮挫！國小下課才會到回家，愛風神的個性一時發作，謝良吉騎著鐵馬，還牽著父親養的杜賓狗一起出門。但運氣不佳的在路上碰到父親的朋友，當那位叔叔叫著狗的名字那瞬間，杜賓狗立即興奮用力地掙脫開謝良吉握著繩子的手，一眨眼的功夫就跑到對街去。大概是擔心能賣錢的狗有什麼閃失吧，父親在謝良吉回家後，把他吊在屋頂的梁架上，用棍子打了一頓。謝良吉怎麼都想不通，實在有夠衰！

晚上吃過飯後，這學期讀完就要升國二的謝良吉，難得乖乖地待在書桌前寫功課。突然間，桌旁的木板床晃動作響起來，「一定又是火車來了！」每回火車經過家門後時，就像是躺在彈簧床上搖晃不已，也有點像地震啦？平常晚上八點多好像沒有火車呀。五秒、十秒鐘過後，謝良吉納悶著這一回搖得也太久了些，難道真的是地震？下一秒就聽到門外有緊張的大喊著卡緊走出來！地震啦！

隔天起床的謝良吉哈欠沒有斷過，驚嚇加上無眠，好難熬的一晚。路上的大人們全在談著昨晚的大地震。博愛路上會開黃色小花的大樹全倒了！報紙上說這次叫「白河大地震」，臺南縣的白河、東山、玉井、楠西這些地方有好多房子倒掉，隔壁的嘉義市則是因為地震引發大火燒掉好多房子。「一〇六人死亡或失蹤，二二九人受重傷，四二一人受輕傷……」，報紙說連關子嶺溫泉的出水口都因為被震落的石頭阻塞而改道，老天爺的威力怎麼這麼大！謝良吉又多了個想不通的問題。

老天的考驗來得快又急，但謝良吉在每天勤快的棒球練習中，很快的淡忘了。因為從國一進入南英的棒球隊後，就一心一意想要上場打球，他想要和同學一路打到全國冠軍，然後回到臺南市區遊街，接受眾人的喝采。只是除了每天早上到校外一個多小時的野跑外，每天第八堂課公假練球時，只能眼巴巴的看著學長上場打擊、守備，而自己只能做球僮幫忙撿球、收球棒，或是幫學長揹袋子，覺得很辛苦，又不能不聽話，所以也只能更多努力些，因為這是他從小學開始背負著「壞學生」名聲後，能好好吐一口氣的機會，尤其，父親也喜歡棒球，還組過老爺棒球隊呢。

「升學班的放牛學生」，是謝良吉在國小的寫照。其實，國小一、二年級時的他很用功，當過數學和國語的小老師。但三年級的導師決定讓成績比他差的同學當班長後，讀書這件事就變了調。

「老師，為什麼不是成績最好的當班長？」謝良吉鼓起勇氣問老師。

「因為你是年尾孩子插班讀，成績當然會比較好！」老師回答的非常乾脆。

結果，飽受打擊的謝良吉開始不太讀書，也不再去老師那邊補習，這一切都讓他覺得不公平、很挫折。有一次他和同學打架，那位同學三兩下就被練過柔道的他摔在地上，這一幕讓別班的老師路過時看到，後來導師只處罰了謝良吉。成績從第一名滑落到吊車尾，差幾分就打幾下，老師拿藤條打屁股的手很堅決，謝良吉繼續吊車尾的態度也很強硬。到六年級畢業考時，謝良吉跌破老師眼鏡的考了高分！還以全校第十六名畢業，但是他自己心裡很清楚，那是借一位成功國小朋友的試卷來抄答案，只能說運氣不錯的抓到很多題，反正就和老師仙拚仙，但這根本就不是自己努力的結果。

對於一個十二、三歲的小孩來說，加入棒球隊可是一點也不輕鬆！雖然學校離家很近，但謝良吉必須和大家一樣住校，正確的說是睡教室。每天晚上就寢前，大家得把打字教室的桌椅移到牆邊，然後鋪上薄薄的木板，隔天起床再把桌椅復原。早上起床第一件功課是先跑步，下午的課堂結束後，同樣要跑完才能回到學校租用的臺南棒球場。在教練的怒罵、隊員間此起彼落的吆喝聲中，從傍晚的陽光與飛揚的紅土，一直練到太陽下山看不到球為止。謝良吉假日回到家還不願意放鬆一下，有空就自我訓練腰力和腳步。

「請借問門頭的辦公阿伯仔，人在講這間工廠有欲採用人……假使少錢也要忍耐三冬五冬」，收音機傳來這一年大家都能朗朗上口的歌，孤女的願望是有工作能養活自己，謝良吉則希望小個子的自己能多少長高一點！不然每次球隊出場時，他都只能排在最後一位。也許是努力感動了老天爺！父親的二哥來到家裡看到謝良吉對棒球很狂熱，決定把一身的投球功夫傳授給他。原來，謝良吉的二伯在日據時代讀的是早稻田，並成為一名出色的投手。上飄球、下墜球、曲球，靠著二伯傳授的祕密武器，終於讓謝良吉在球隊裡開始吃香。

「為什麼你的球會轉彎？投變化球喔？！」教練一臉懷疑地問。

「沒啦我都是投直球啦！」謝良吉說完就找機會溜走。

棒球

「這感覺真像是神明在遊街！」謝良吉和南英棒球隊的隊友，一起坐上由十幾臺計程車組成的車隊，從中華日報社、火車站這麼一路的拍照、遊街，大家把頭和手都伸出車窗外，使勁地揮舞著手中的帽子和夾道歡迎的民眾致意。在高雄的冠軍決賽那一天，對手是實力與韌性十足的紅葉高級部，兩方交手始終無法突破僵局，一直打到延長的第九局下半，後攻的南英接連打擊上壘，最後是靠著對方投手犯規擠回打破僵局的寶貴分數，也讓南英連續三年拿下全國冠軍，終於能拿回獎盃，讓學校永久保存。和另一位隊友接續擔任投手把關有成的謝良吉，自然成為贏得比賽的大功臣，贏得了比賽，也喚回了自尊！

謝良吉的父親向來都是默默地支持，當球隊得到冠軍時，也只是帶著笑意不多說什麼。但有時看到球隊練得很辛苦，父親會帶著全隊到球場邊的英雄館吃麵。國中畢業前，謝良吉突然長得好高，他想像著如何和隊友一起保送臺北體專，然後努力的打贏每一場比賽來持續南英的精神。想不到的是，那場邁向三連霸的冠軍賽，竟然是自己最後的一場正式比賽。而後來有機會再碰到棒球時，已經是十多年後彎著腰、感嘆人生不如意十常八九的窘境。三十出頭就讓僵直性脊椎炎逼得彎下腰來，謝良吉一痛起來就到藥房買藥吃。哥哥看他找不到什麼像樣的工作，就要他去自己在國小承包的福利社幫忙。學校有位老師是謝良吉的舊識，希望能幫學生買球具，也讓他原本毫無願望的生活有了一道微光。

幾天後，那位老師要謝良吉幫忙教學生打球。「既然老師不嫌棄，那我就試試看。」義務教導的謝良吉還自掏腰包買球棒和捕手面罩給學生。雖然腳走不快、手不能丟球，但謝良吉一時興起要學生餵球給他，就這麼一棒揮出操場的紅磚圍牆，當他帶著微笑離開打擊區，孩子們還睜著不可置信的眼。謝良吉開始期待著每天去福利社上班，等著利用空檔教孩子打棒球，也許，只有這樣才能短暫地忘記身體的病痛、和自己一點都不親近的獨生子，以及被眾人嫌棄自己總是不認真去工作。但這樣簡單的快樂沒多久就被自己的壞脾氣打散了。

「不認真好好賣東西，怎麼放些有的沒有的，賣沒錢又占地方。」哥哥看到福利社裡放著棒球和球套，怒不可抑。

「我沒有放著生意不做，攏是有閒時才去教學生打野球。」謝良吉不想被誤會，更不想放棄這次重溫棒球夢的機會。

謝良吉很懂得學生的心裡想什麼，他進比較便宜的麵包、飲料，過去要花兩個月賣完的東西，現在才一個月就得補貨，這讓哥哥感到很意外。不過是教教學生練球，有什麼大不了，他試著和哥哥解釋，結果反倒是惹人嫌。

「叫你別弄就不准弄，是你老闆還是我老闆？」哥哥擺出這裡是他當家的氣魄。

但這一句話像是下了最後通牒，謝良吉氣不過就把福利社的鑰匙丟在桌上。「我不做可以吧！」就這樣告別工作半年的學校福利社，謝良吉覺得生氣，也有些感慨，反正不能再教學生棒球，繼續待著也沒意義。回到家繼續過著用鹽、糖和醬油拌飯的落魄日子，每當電視有棒球的新聞或節目時，他會在第一時間轉臺，至少不會觸景傷情。

國中打出全國冠軍的好成績，謝良吉大可風光地和隊友保送體專，然後一路打下去成為全國知名的棒球選手！不過，全隊只有謝良吉沒去學校報到。

向來事業得意的父親面臨生意的低潮，謝良吉看到債主三天兩頭的來家裡要父親還錢，想幫忙，卻一點也使不上力。後來，父親向在高雄開藥局的朋友借錢應急，謝良吉開口和父親提要去高雄打工賺錢貼補家用，就這樣告別棒球展開藥局的打工日子。

「趕快把錢還完，父親就不會那麼煩！」才國中畢業的謝良吉總是這樣想著，也就不覺得難過。那時，高雄三信的教練還特地去找謝良吉，一直遊說他加入校隊，但吃了秤砣鐵了心的謝良吉說什麼也沒答應。

原本是備受父母寵愛的大少爺，謝良吉在高雄每個月只能領一百元當零用錢，都拿去抵債。父親則覺得內疚，但至少是在老朋友那邊打工，「會被好好照顧吧！」結果卻不是父親想的那麼回事。有段時間的天氣陰晴不定，謝良吉該是感冒了，他硬著頭皮去和老闆娘說，結果卻換來「感冒沒什麼大不了，去喝水就好！」的一頓敷衍。後來，放假回家讓父親知道朋友這般無情，氣得要謝良吉別再去高雄。

沒多久，謝良吉考上臺南高級工業學校電子科。

能重回校園，謝良吉覺得高興，只是這次少了棒球可打。

原來父親的人面這麼廣！連班上的老師都是他的朋友。從棒球到電子，謝良吉發現自己的興趣還真不少！有一天，老師拿張設計圖給謝良吉負責製作，最後完成一部有對講機功能的立體收音機，在那個只有黑白電視機、阿姆斯壯登陸月球的年代，市面上可是沒有這種新鮮貨。

「電子和人一樣，有一個毛病，沒有兩個毛病，有的話也是感染過去的。」領受著老師叮嚀，謝良吉在高工畢業等待當兵的那段時間，在中山路土地銀行那一帶的電器行工作，洗衣機、電視機、真空管……什麼都收。他在修理時總先仔細地研究哪裡出了問題，又快又好的修理手藝，很快贏得街坊鄰居的口碑，更吸引許多顧客捨近求遠的載著電器來找謝良吉。曾經有臺市價上百萬的音響會走音，謝良吉檢查發現是裡面的電阻退化才造成聲音跑掉，讓顧客滿意的不得了。

打野球的小孩。阿吉伯想起以前打棒球的風光，曾有一次在大林，還指導過一位身障的小朋友玩棒球。

兵仔

有人說當兵是從男孩變成男人的過程，對謝良吉來說當然也算是，但考驗與波折遠遠超過他的想像力！

當軍艦緩緩地離開高雄壽山時，十八歲的謝良吉第一次感受到終於要離開家的愁緒，準備前往素未謀面的金門，一個每兩天就要接受大陸「單打、雙不打」砲火洗禮的島嶼。偶爾飛過的海鳥，一陣陣隨風打向甲板臉龐的水珠，從甲板望向前行的船首，茫茫的大海盡頭是一道弧線，看起來明明就在眼前，但一分一秒過去，那道弧線始終保持同樣的距離、不變的姿態。終於，眼看著金門的輪廓漸次從海平面冉冉浮現，隨後竟傳來的轟隆隆砲火聲，比起部隊長官提醒要注意的抽象文字更震撼千百倍。軍艦在金門外海靜止不前，直到隔天陽光初露時才登陸。一晚的漫長等待，讓個性開朗的謝良吉也像是皮球洩了氣。

相對大家的避之惟恐不及，謝良吉可是自願上前線！他在棒球隊鍛鍊出的耐力和體魄，還有天生的樂觀與調皮個性，從在新兵訓練中心裡就充分發揮。教育班長總是吹噓著在士官隊時體能有多麼地好，謝良吉當面嗆他們：「先讓你們走十六步，我站在原地，來比賽丟手榴彈，如果我輸，這星期榮譽假就取消，但是如果我贏了，那就提前一天、半天的放我們假好嗎？」結果讓士官長們一言不發的閃人，從此也沒再聽他們臭屁過。

還有一次，謝良吉和弟兄們看不慣副連長老是騎鐵馬到夜間野戰訓練場，難道沒看到就算連長也是用走的嗎？謝良吉邀了幾個人一起放掉鐵馬輪胎的氣，結果，副連長要騎車帶隊回連上時，氣得國罵亂飆。不只如此，當晚副連長掀開棉被發現一堆青蛙、蟋蟀時的表情，應該也很誇張吧。

由於副連長騎腳踏車到訓練場的毛病改不掉，最後呢，鐵馬在露天浴場中被發現，只是已經被全部分解。

一踏上金門的土地，謝良吉被分派到營部以外一百公尺的獨立連。大陸和金門兩地很有默契，單日的時候是大陸對金門發射砲彈，到了雙日時，就變成金門發射砲彈到對岸。

感覺有點緩慢的步調總讓謝良吉覺得像在度假，那從對岸飛過來墜地後四射的砲彈碎片躲久了，也變得不太真實起來。巡邏時常撿到大陸的宣傳文宣，大都寫些那邊生活有多好，要臺灣趕快投降，還會送黃金之類的，看了只覺得好笑。但說實在的，經常在薄霧中看著對岸的陰影，天氣好時，則顯得清晰，那兒到底是什麼模樣，是如臺灣說的水深火熱？難道真有可能像大陸自己說的生活富足，唉，與其去判斷真假，還不如大家巡邏時看到阿飄的繪聲繪影來得有趣多了！或者，那砲彈的鐵片變成的菜刀還更真實些！

「今天是單打喔，你敢巡邏嗎？」班長抓著機會就會想要虧虧謝良吉。

「我當然敢呀！還用說。」謝良吉不怕天高地後的頂回去，雖然那次差點被流彈波及的記憶猶新。

沒辦法，幾次碰到班長遊說加入黨派才有好日子過時，謝良吉才不理會他。

「你再不入黨，我可是要送你去關禁閉！」班長好說歹說都沒用後氣急敗壞的說。

「你直接送我軍法好了！」謝良吉乾脆地回答。

雖然來自班長的為難不斷，但謝良吉在比賽中能獲得好成績，卻是幫班長升遷的一大優勢，真是矛盾的現實。在金門的射擊比賽中，謝良吉每次都是第一個被長官選上報名。

「如果各位十顆子彈中，能全部打中標靶，可以現領紅包五十元！」班長在一次比賽前放話。結果謝良吉在三回合的比賽中，向班長領到一百五十元。那個年代裡，從連上坐巴士到金城，連看兩場電影後，再坐巴士回連上，十元都還有找。

包括投手、捕手與野手，棒球隊九個人上場缺一不可，從參加南英棒球隊培養起的團隊概念，讓謝良吉很雞婆地去幫助連上同甘共苦的弟兄。體能比賽中手榴彈擲遠要三十公尺才及格，他則是至少八十公尺遠。但說也奇怪，有些弟兄怎麼丟都是十多公尺遠，謝良吉在操場裡耐心十足地一次又一次幫大家調整姿勢，讓每個人都能順利通過測驗。

「班長，我覺得腳，還有下半身怪怪酸酸的、沒力氣。」謝良吉在那次一輩子也忘不掉的比賽前，向班長提出放棄的要求。

「怎麼會呢？哎喲，你就試試看，比完了就能好好休息。」班長等著收割比賽的成果，說什麼也不同意謝良吉退賽。

陽光炙熱地灑在砲兵指揮部操場的每個角落，謝良吉背負著長官的期待，就像每場比賽都輕易獲得第一名。他右手緊握著手榴彈，站在起點上準備向前助跑，然後準備奮力一擲到最遙遠的那一端……。只是腳才跑到紅線前就腿軟跪倒在地上，手榴彈也應聲掉在身旁。看到謝良吉跪坐在白線上，班長緊張地跑來看他的情況：「怎麼回事？趕快起來再丟丟看！那這次不要用跑的好了。」

謝良吉心裡有說不出的惶恐與厭惡，也只能用力地站起來，奮力地用左腳支撐整個身體，然後將右手順勢地向前丟出手榴彈……，結果他勉強丟到五十公尺線，然後整個人趴在泥土上，再也站不起來。看來一帆風順、風光無比的當兵生涯，卻戲劇性地產生變局；原來引以為傲的壯碩身體，如此熟悉，卻又如此陌生！

疼痛

「山外有一家私人的，我也去針灸過，你要不要去試試看？」連長特地來看謝良吉，知道他去野戰醫院看病不見效果後，勸著他。在那場比賽中，謝良吉覺得身體像個木頭人般僵硬，夾雜著手腳的酸痛，被大家搬到寢室躺了一整天，也沒人敢碰他。就這樣躺了一晚，謝良吉發現手腳可以動了，向部隊申請到外出證，獨自一跛一跛地搭上車往野戰醫院去。爬上檢查檯照X光時，謝良吉像被煎魚一樣翻來覆去，終究沒半點頭緒。醫師最後只說大概就運動過多，需要休息，帶回一些止痛藥，但吃了幾天也不覺得有幫助。

既然連長說了，謝良吉想，反正也沒別的辦法。隔天拿著有地址的紙條往山外去，公車每次遇到路不平而上下晃動時，謝良吉痛到差點忍不住尿褲子。結果呢，隔天早上的陽光叫醒了謝良吉，「不得了！」他心裡緊張地不知如何是好，因為只要一出力就傳來劇烈的疼痛，用力地睜大了眼睛，卻看不到任何可以幫助他的人，但就算有人又如何呢？那連長一點也不積極幫忙。

就像個活死人一樣，謝良吉開始埋怨、詛咒著自己。但他並不想怨連長，唉！畢竟他也是好意，而且那天還講了好多臺南的事情，大家都是同鄉，也稍微紓解想家不能回的苦悶。

求醫不得的謝良吉，在金門過著跛腳的生活長達一年。但大姐的來信像最後一根羽毛，把他最後一點意志都擊潰。「爸爸生病了，得鼻咽癌……」信紙上的每一個字，在謝良吉的腦海反覆地出現！那時連長剛從軍校出來，說什麼也不敢讓謝良吉請假回臺灣看父親。每天盯著大砲、二四〇電動砲、榴彈砲，當安全士官的謝良吉很想跟著發射出去的砲彈消失於無形。

說也奇怪，就在部隊準備要移防臺灣前，身體竟然變得輕鬆了些。「恭喜、恭喜！準備退伍了。」看著長官的臉，謝良吉勉強擠出一點笑容，至少可以離開這個找不到答案的地方，想到臺南的家，眼淚只能往肚子裡吞。

跟著部隊從金門坐船到岡山機場附近，旁邊還有海軍陸戰隊的營區。原本近百人的連隊只剩下十多個人，有位士官長連自己的名字都不太會寫。一天的伙食錢只剩下七圓，他喜歡自我調侃的說：「顧砲兼五隻豬。」吃得差加上身體依然不舒服，謝良吉沒事就往臺南的家裡跑，太過頻繁的次數還讓爸、媽懷疑他是不是逃兵。

趁著放假，謝良吉到處看醫師，真的有醫師看到沒醫師，結果是沒人可以給確定的答案，反倒是醫院以外的說法比較精采。街坊鄰居知道謝家的小兒子生病了，熱心地提供祕方，或是哪裡有神奇的民間療法，謝良吉開始上山下海的忙碌行程。有漢醫說他肯定是長骨刺了，要不然就是長石頭；也有保證說一定是用腦過多啦，多休息就好；甚至還跑去找自稱牧師的人，答案竟然是因為謝良吉的眉心會痛、流眼淚，去耳鼻喉科洗洗就好。謝良吉聽到心想，那是因為發作起來太痛才這樣啦。謝良吉常常拿回用報紙包的一大捆草藥，不知道的人還以為是要餵牛吧！還有拿洗米的水去燉豬腳，吃到快吐出來，還是得硬吞下去。就這樣能走卻不能跑，扛三公斤的米就會整個人癱軟倒地。

最後，在臺南醫院當護理長的表姐幫謝良吉掛到骨科醫師的門診，幾次檢查下來，確定謝良吉得到的是僵直性脊椎炎。

「五百萬以上！」在那個要自己負擔醫療費、動手術得走後門包紅包的年代，許多人聽到要手術就跑得比飛還要快的社會，謝良吉得知可以動手術處理自己的症頭，但也不知是怎麼算的，所有的開銷要五百萬圓以上。謝良吉覺得那個時候的醫術普普的，也不是有那些錢就會醫好吧？表姐也勸他，再等等吧，等到有真正的醫師出現！

母鵝正在孵蛋，有小朋友調皮要接近，結果被生氣的公鵝嚇跑了，哭得鼻涕直流。阿吉伯小時候也曾被咬過，那是阿嬤養的鵝。小時候摔傷的傷口結疤，有時被啄到時，痛得不得了。

小時候的農村生活記憶都刻在謝良吉
的腦海裡，一畫出來都很生動。

彎曲

七個月後，謝良吉終於正式脫去一身的綠。退伍後有更多的時間去找醫師，他總是在心裡面暗自地祈禱著：「這次一定會有效吧！」就怕別人聽到了會沒效。但每次帶著好多錢、帶著期待而去，答案卻都一樣。有一回到臺北去看大家口中的名醫，那位名醫很肯定地說謝良吉是結石，要他多喝啤酒把結石排出來，結果謝良吉喝到差點掛點。失望而歸，像掉進一個深不可測的水井裡，一直往下掉落卻到不了盡頭。心情沮喪的他開始怨天怨地、怨自己！

左腳痛完，換成右腳痛，揪心的疼痛牽動著謝良吉整個身體都沒有辦法出力，別人盼退伍是盼望趕快找個好工作，展開光明人生，但空有一身電器修理手藝的謝良吉，一顆心成天和病痛綁在一起，像是連體嬰，有魂沒魄地惶惶鎮日。

其實，如果真的有五百萬圓的積蓄，謝良吉覺得自己可能會考慮動手術，不然像這樣拖下去，人生真的變黑白呀！雖然每份工作的時間都待不長，但他還是忍著身體的不適去工作，只是大半的錢都花在看醫師、買止痛藥，以及慢慢意志消沈後急著下肚的黃湯上。就在踏上人生另一階段的三十歲時，謝良吉意識到自己的背部開始向前彎了下來。

謝良吉的身體快比氣象預報還要準，天氣什麼時候就要變了，問他最清楚。再也伸不直的背，隨著每一天、每個月的流轉更加地往下傾斜，像被慢慢往極限拉去的弓，在床上硬是要躺平的謝良吉覺得很不舒服，只好側著睡。有的時候他把被子墊在身後想躺平，誰知道脊椎那邊啪的一聲，快要喘不過氣來。「好痛啊！」進退兩難的謝良吉大概用了一小時的時間把左腳放回床上，顧不得額頭上豆大的汗珠，趕快打開床頭的藥罐，幾乎吞下半罐的藥丸。幾分鐘後，終於疼痛放過了他。

半夜裡，謝良吉從睡夢中醒來，昏昏沉沉地想去廁所，木床只有幾個磚塊高吧，但是當把一腳伸下床時，脊椎那兒傳來劈啪幾聲，著實讓他整個清醒過來！直襲腦門。

以前一起玩的朋友「小胖」看不下了，就帶著謝良吉去佳里鎮上的喬骨所，說什麼五萬元包醫到好！負責的人要謝良吉躺在長長的黑椅上，然後在腰椎上來回的壓得劈劈啪啪作響，真的很有那麼回事的感覺。一個禮拜後，謝良吉的身高往上竄升了三吋，但過兩天就開始覺得腰會酸，他想大概是筋發炎吧。休息了一陣子想要再去喬骨時，那喬骨所卻是已經人去樓空。

他也不知道年輕那段時間的喬骨，是否真的如此神奇，但總之沒再繼續做後，脊椎的問題每況愈下，到了四十出頭歲，謝良吉的背已經和腳成九十度的垂直了。好消息是已經沒有角度可再彎曲了。

有一段時間，臺南街頭可以看到一個特殊的景象，那是位神情憔悴的中年男子騎著摩托車，速度非常緩慢，而那上半身的姿態就像是為了減低風阻來加快車速，始終不變的趴在機車手把上。其實，謝良吉連床都沒法睡了，大半的時間坐在椅子上，當天色變得深沉時，雙腳搭在椅子上，就直接窩在椅子中睡去，至於床，就留給來家裡閒扯、喝酒的朋友。

嚴重的駝背，加上腳痛，謝良吉拿著一根當拐杖的釣魚竿，偶爾起來慢慢的走幾步路，多少活動筋骨一下，但走不到幾公尺就會喘個不停。不到五十歲，連自己最喜歡的釣魚都得放棄，因為自己的腳根本跨不過堤防邊像肉粽的消波塊。失去目標、沒有意義的人生，拼命的喝酒想忘掉些什麼，卻發現自己酒量好到愈喝愈清醒！

工作

「還是得加減找工作，可不想做個討吃不討賺的人。」謝良吉從退伍後把心思都放在找醫師治病上，但他並不想讓人瞧不起、不想坐吃山空。能做的，絕不囉嗦地去嘗試看看，就像在球場上那股捨我其誰的豪情。雖然，真正能由得他的情況，真的不多。

臺南街上做電信的店裡都有固定的技術員，不太會流動，沒有謝良吉的份。他只好把腦筋動到工業區，終於在仁德的一家電纜工廠找到顧銅線生產的差事。謝良吉上班一個星期還沒過就可以照顧二十三臺機器，一條條銅絲快速地從紅色的銅線中抽離出來，這些是製造收錄音機馬達的材料。眼明手快又能獨撐大局的謝良吉很受老闆的肯定。三、四個月後的一天午休時間，謝良吉幫忙工廠裡的一座水池填土，卻不慎被推車切斷一截中指。他趕緊壓住血管跑去醫院，因為怕媽媽擔心，索性編個理由說加班什麼的不回家。

手指受傷後，謝良吉也失去對顧銅線這份單調工作的耐心，把辭職書丟到老闆桌上，說聲不做了，就閃人。退伍後的第一份工作維持了四個月，接下來的頭路也像是宿命般沒能長久。

謝良吉想要自己當老闆，這樣就不用常常因為看病而請假。他開始和朋友合夥做洗髮精，然後賣給街上的美容院。原來，四公斤的原料就足夠泡上兩大桶，加上防腐劑，還有日本進口的香料去煮。只是做生意哪有想得那麼簡單，一開始賺了些錢，結果碰到別人以比較差的品質、更便宜價格的激烈競爭，雖然後來加入股東挹注資金，卻仍因不斷賠錢，加上自己的疼痛又發作起來，只好放棄。比起第一份工作，多做了五個月。

身上沒剩什麼錢的謝良吉，朋友請他去幫忙鏡框代工的管理工作。但彷彿只要和他沾上邊，結局都不太迷人。半年後因為中東發生內亂，全臺灣都沒有廠商敢出貨到那邊，時間愈久，對下游的代工廠愈不利，就算沒工可做，也得付薪水給六個製作師傅。不想坐以待斃的謝良吉和朋友搭上往臺北的夜車，希望能碰碰運氣有代工可以拿回來給師傅做，謝良吉心想：「多少可以補貼一些工資。」只是一上午都四處碰壁。

偏偏僵直性脊椎炎又在下午跑來湊熱鬧，疼痛難當的謝良吉整個臉都揪成一團，朋友趕緊叫計程車送他到中心診所。嫁到臺北的二表姐在那邊當特別護士，醫師看完診、開了藥單，表姐在候診間說要他跟著一起去外面買藥，如果直接在診所拿實在太貴了。下班後，表姐帶著謝良吉跑遍了臺北市，總算找到診所指定的藥，身心俱疲的謝良吉吃完藥，搭上深夜的火車往臺南的路上。

「佇臺北找整天，還不同款攏是『犀牛望月』。」找不到出路又加上病痛，謝良吉覺得感傷，做什麼才有錢賺呢？逼得自己沒步了，身體生病變歪了，心也開始偏到一邊。他和朋友商量把做代工的房子改成撞球間，簡單擺了幾個球檯就開始開門做生意。想不到，原來不用花什麼力氣就能有不錯的收入，想起之前想要好好做事業，卻做什麼敗什麼。

沒多久，合夥的朋友金松有位親戚要介紹一位小姐來幫忙計分，謝良吉一開始就清楚介紹工作只是幌子，卻沒料到險些釀成傷害。

「有種你給我過來！別在那裡展威。」

謝良吉忍耐許久的情緒終於爆發開來，面對帶著武士刀來找麻煩的阿喬，他怒目赤耳地沒有半點畏懼的神色。阿全的住處三不五時都有黑社會的人物出入，謝良吉曾經在那邊的巷子裡看過刑事組的人跟監，好像是要準備收網抓人。前兩天，阿喬來撞球店找麻煩。

「我欲借那位計分小姐出去，可以嗎？」阿喬一副找麻煩的模樣對謝良吉說。

「你自己去問金松，人是要介紹給他的，問他才對！」謝良吉沒好氣地回他。

過沒多久，阿喬就拿著武士刀在店外頭揮舞著。謝良吉氣不過拿起一副自己做的雙節棍走出門去，他嗆阿喬：「你想要嚇誰呀？」有人勸謝良吉算了，別理那個人。想不到那阿喬沒膽再往前走半步，無力地揮著揮著刀就突然往巷子外跑走了。

暗箭總是難防，不想惹麻煩的謝良吉回家避風頭。沒幾天光景，彈子房的計分小姐拿著簡單的行李跑來家裡，謝良吉問她什麼都說：「沒什麼事啦！」雖然心裡頭覺得怪，也不好趕人家走吧。

但這一來可不得了，那位小姐來沒多久，隨後有四個小弟來家裡指名道姓要謝良吉。「他不在家，出去找朋友啦！」二姐擋在大門口應付。他們聽了也沒多說就走掉。可是謝良吉從二樓窗戶看下去，那幾個人就守在巷口四處張望。這下可把他惹毛了！謝良吉拿起一把木刀就往樓下衝，出其不意的舉動把他們都嚇壞了，結果一個個跌得四腳朝天，趕緊四處亂竄。謝良吉用木刀指著他們逃開的背影：「回去跟你們老大說我會再去找他！」

討海

「是誰的鴨子沒趕好，放得到處亂亂飛？」在甲板上吹著鹹鹹的風，謝良吉和大家一起整理著釣繩，看到成群的海鳥在一旁虎視眈眈的盤旋，苦中做樂的他打趣著。突然在船舷不遠處的海面發現一個巨大的身影，謝良吉張大了嘴卻喊不出聲。第一次和鯨魚打照面的經驗竟是如此震撼，難道牠是來看我們抓魚的嗎？謝良吉心裡想著時，有船員起鬨要拿標槍射牠，還好什麼也沒射中。

退伍第六年，算得上是一事無成的謝良吉選擇登上遠洋漁船，這次離開故鄉和十七、八歲搭軍艦到金門當兵時不同，船公司在報紙上登的廣告說有安家費一萬元。那天拿著木刀趕走一幫小弟後，謝良吉回家問計分小姐到底怎麼回事？才知道原來自己被暗戀，弄到這麼麻煩的局面，真讓人哭笑不得。「你沒法度住臺南啦，先回高雄吧！」謝良吉要計分小姐回家，自己則打算再抄傢伙去找對方做個了斷，但被二姐硬拉下來。

既然沒什麼正當的工作，謝良吉決定索性上船可以多賺些，也好安頓家裡，總不能讓小孩沒飯吃，那孩子的媽幾年前就不知道跑去哪了，他也沒想要去挽回什麼，反正強求的不會有幸福。雖然公司號稱是遠洋漁船，其實，是只有一百八十公噸的小型船。當朋友接到謝良吉從南非打回臺灣的電話時，連電話筒都握不緊。「你這款三寶身體，有辦法走遠洋喔？你在哪裡？別開玩笑！」

「副船長臨時被換掉！現在你負責開船，還有捕魚收網時控制收繩，到時候由我和大副開船。」船才離開臺灣，船長就把謝良吉叫去交代了一堆自己從來沒做過的事情，他搖搖頭：「我只是來應徵漁工而已！」但是想到自己可是隱瞞病情上船的，一旦發作起來就會走路跛腳，還是忍下來吧，學學就是了。

還沒習慣海上的節奏，但忙碌的捕魚、開船讓謝良吉沒太多時間去感到難過。這艘船在開往南非的海上展開作業，長濱魚可以做罐頭，大目仔做生魚片，還有鮪魚、鯊魚，開到哪裡就賣到哪裡。七天後抵達南非加油、加水，短暫的上岸休息後，繼續往其他國家前行。就這樣法國、西班牙的走了一大圈。

在船上最辛苦的大概就是沒法好好睡覺！有時值完白班想補個眠，卻因為風浪太大根本睡不著。不過這樣的日子久了，長期的睡眠品質不好，卻也慢慢適應。幾層樓高的風浪打來，讓船進一尺、退兩尺的，就會讓謝良吉開始暈船，但他學會不去想，反正該吃就吃，忍一忍就過去了。到後來反而是在下船走路時，身體會不由自主的搖來晃去。謝良吉總是想到父親得鼻咽癌後，生意變得更差，哥哥也只能勉強維持。後來向銀行借了三十萬加蓋三樓，卻在父親過世後被銀行急著追討欠款，到頭來也只能賣掉房子還錢，哥哥在附近租房子另起爐灶。現在就算自己身體再不舒服，彷彿也像失去了靠山，謝良吉知道一切都得靠自己打拚。

「怎麼辦，我會死掉的嗎？」一起上船的原住民男孩，在小腿處不斷湧出鮮血，惶恐的眼神，嘴裡正哀嚎著。大家都望向謝良吉，彷佛只有他能帶來一線生機。也難怪，全船只有他帶了整箱的藥出海，感冒藥、止痛藥的一大堆，姐姐還笑他是要上船當醫師嗎？曾經有船員吃了快一箱的藥水都沒治好感冒，謝良吉自己配藥給他，竟也吃好了，從此有人感冒、咳嗽、流鼻水的都愛找他幫忙。還有，有同伴在收網時，讓魚鉤勾到手不敢拔，謝良吉先用碘酒抹手，然後把刮鬍刀搽上酒精後燻熱，從魚鉤處割一

登上遠洋漁船的謝良吉。

個口，就順利拿出魚鉤。

也許是面子問題，或許是如果他也退卻，就沒人可以幫忙！這男孩才十五、六歲吧，謝良吉努力地表現出鎮定的模樣，順勢拉下圍在頭上的毛巾，也顧不得乾淨與否，一氣呵成地把讓鯊魚咬掉碗口大的傷口綁起來，用力地壓著。白色的毛巾表面很快滲出淡淡的紅，幾分鐘過後，顏色變得更加深沈。

十幾天後，漁船緩緩地游進港口，大家合力把男孩送下船，叫了車送往最近的醫院開刀。結果很順利，後來傷口還慢慢長出新肉來。而在船上的這段時間，謝良吉在男孩被咬的傷口止血後，塗上厚厚的藥膏，纏上紗布，然後一點也沒把握地安撫著男孩說：「免煩惱，很快就會到岸，沒問題啦！」

七百多個日子，日復一日地不是捕魚，就是上岸喝酒、跳舞，或是幫夥伴打架強出頭，皮膚變得黝黑，心靈像船駛過的海面，沒多久就不會留下任何痕跡。漁船開到南非開普敦的那天，謝良吉收到母親寄來的一卷錄音帶，大家起鬨著要跟著聽。

「一個人在外國，不要亂跑！身體有病痛，要給醫生看……」

謝良吉一聽到錄音機傳來母親的聲音，像綠豆大的淚珠就從眼裡迸出來沒有停過，聽到身旁有吸鼻涕的聲音，謝良吉轉身看到船上的同仁哭成一團。其實，和船公司打的兩年合約已經到期，謝良吉想計畫著跳船多賺一些再回臺灣，只是僵直性脊椎炎發作的頻率愈來愈快，那股讓心都會揪在一塊的酸痛，常常把他逼到忍耐的極限。「回家吧，不要再跑船了！」他的心裡只剩下一個聲音。

也許，父親從小對謝良吉的管教方式，讓他有點任性，更有幾分不怕事的態度。而在加入疾病這項變數後，曾經養尊處優的他，正一點一滴的把外在的形式放下，回到一切只為求生存的狀態。放棄跑船回到臺灣，頻繁地看醫師拿藥止痛，謝良吉也只有做散工的份，有時碰到朋友介紹想做小生意，卻只能大嘆生不逢時，做什麼虧什麼，連鬼看到都會怕。

以前的小弟在臺北的一家外銷成衣廠工作，謝良吉北上找他介紹，結果正好有個組長缺，廠長看他面貌堂堂，體格看起來也壯，就這麼順利地待下來。在臺北常碰到濕冷的天氣，謝良吉會自掏腰包讓廚房買薑母和黑糖回來煮湯，喝一口就能暖和到心底，很受大家的歡迎。有天，有位長相清秀的女生走進工廠的包裝部，謝良吉把她誤認為是以前認識的一位「阿玲」，言者無心，這位小姐以為謝良吉對他有意思，小弟調侃他：「大仔、大仔，你現在真有豔福！」謝良吉有點莫名其妙的問了旁人，終於弄懂這位小姐原來是老闆的千金，後來，她還為了想與謝良吉交往而與父母鬧「革命」！謝良吉想了一晚，決定還是別破壞這家人的幸福，無奈地辭職回到臺南。

好像豔福不淺似的，在國外決定不跑船時，有家華語學校的大女兒吵著要跟謝良吉回臺灣，「等妳畢業再來臺灣找我吧！」謝良吉找個理由避開難堪的場面。但自己的健康，還有誰比他更清楚？謝良吉只覺得還是別害人吧，就像成衣工廠的千金一樣，能給人家什麼未來嗎？

有一段時間，謝良吉和朋友做玉器雕刻，卻被大陸價廉的新玉打擊而收攤。後來，謝良吉向表哥借了十萬元，大膽轉行去包水電工程，自己照圖施工，接水、接電，用火槍接水管，常常一個人忙到晚上十一點才收工，讓朋友不敢置信他連這都會。只是又碰上景氣不好，房地產開始走下坡，他的承包事業又喊停。而唯一不曾離開的，就是病痛！不到四十歲，不明就裡的人還以為這個人幹嘛這麼好禮數，總是彎腰鞠躬地挺不起身來。慢慢地，他只能去朋友在鄭成功廟那邊的海產攤打零工，彎著腰洗碗筷、烤魚，有活就做。或是帶著釣竿去海邊，臺南哪個海邊出什麼魚、哪個月份出什麼魚，謝良吉都瞭若指掌。一個早上下來可以釣二十尾的豆仔魚，賣給海產店一尾五元；運氣好時在「十五洞」那釣到牛尾，一尾可以賣上伍佰元。

終於，四十二歲以後，謝良吉彎下的腰到了極致，雙眼只能看著自己的腳；這樣的困境也終於讓他成為三級低收入戶，開始每個月兩千元的補助，還有過年過節來自廟裡布施的白米。

走不到幾步路，感覺氣全都積在胸前，讓他得停下腳步喘上好幾口氣。不太想出門讓人指指點點地，謝良吉在家裡綁魚鉤賣給隔壁的泡沫紅茶店，後來還養過一陣子的小鳥和烏龜。還有朋友拿小瑪利的麻將臺來家裡寄放，多少有些錢進帳。但總是杯水車薪、坐吃山空，謝良吉有好幾年都是用鹽、糖或醬油攪飯吃，一天一餐。反正，謝良吉早已不敢想，也不知道未來繼續這樣生活著有什麼意義？

阿爸

謝良吉退役回家後的那三個月，到夜裡就會豎起耳朵，每當父親的房裡有一點聲響傳來，他會像彈簧壓緊又放鬆般從床上彈起來，走過去看看父親需要什麼，現在的病情穩定，也沒繼續做電療，但謝良吉一顆心總是掛在父親那，沒胃口吃飯，夜裡也是睡睡醒醒，彷彿連僵直性脊椎炎都不見了。也許，是為了彌補當父親生病時，謝良吉在金門接到二姐通知的電報時只能乾著急的遺憾。

父親得到鼻咽癌後，把洗衣店移到後甲讓大哥繼續經營，臺南的店面只負責收衣服，而二姐則也搬出家生活，照顧父親的責任自然落在謝良吉和母親的身上。其實從小時候有記憶以來，父親就不太愛說話，像是每晚店裡打烊後，帶著謝良吉去喝紅茶時，父親總是喝一口停一下，若有所思的看著外面的街道。當自己打南英棒球隊有好成績時，父親請全隊去吃麵，好像也沒多說過什麼話。現在生病後的他，大部分的時間都躺在床上，話變得更少，還是，已經不說話了。謝良吉常常想，父親會不會想到以前開洗衣店的忙碌、風光，現在變得什麼都做不了主，一定很苦悶吧！

每天早上，謝良吉端著牛奶和幾片白土司到父親的房裡，到了中午，也是一樣的食物。這樣下去怎麼夠營養呢？謝良吉決定去市場買一塊新鮮的鱸魚。回家一煮好，謝良吉迫不及待地把冒著熱氣的魚湯送進房裡，也許是太久沒看到這樣的美味，還瀰漫著濃郁的香氣，父親的眼神閃耀著光芒。可是父親只喝了第一口湯，就像讓人從後面勒住喉嚨，無法喘氣，整個臉漲得通紅。

從那天過後，謝良吉只能繼續幫父親送白土司加牛奶。這樣的日子過了三個月後，有天下午，睡過午覺的母親從樓上下來，準備了點心要給父親吃。

「阿母，你先幫忙餵一下，我去浴室隨好！」

「哪有要緊，我來餵就好。」

謝良吉和母親說完慢慢地爬上樓，走進廁所鎖上門後，才準備脫褲子時就聽到母親大喊著他的名字。「什麼代誌，喊得這麼恐怖？」謝良吉顧不得肚子痛，重新穿上褲子趕忙跑下樓去。才進房間門就覺得全身沒有力氣，頭暈暈地快要昏倒！父親就這麼安靜地走了，到最後都像是平常那樣不多說什麼地就走了。

「阿爸死了，你怎麼站在那裡也不哭，也不跪下來。」二姐用力揮打著謝良吉，嘴裡厲聲地斥責，但謝良吉卻沒有感覺。也許是巧合，父親才剛走，祖母就坐車來家裡，謝良吉告訴祖母父親剛斷氣，她要謝良吉趕快去買壽衣和往生之後要用的物品。買完回到家就看到大哥和二姐已經趕回家來。

謝良吉也不知道為什麼，看著躺在床上動也不動的父親，整個腦袋都空空地。慢慢回過神來才想起：「照顧了三個月，不敢吃不敢睡，一定是因為自己睡太熟才沒看到父親嚥下最後一口氣，我的痛苦有誰能了解？」

辦完父親的後事，家裡的問題才要開始。銀行要謝家三天內還清剩下的三十萬元貸款，只是父親後來嘗試做的生意失敗，連還銀行利息錢都是向別人借來的。只好把博愛路上的住處廉價賣出。還掉欠銀行的三十萬，還剩下七十萬左右，就由子女和母親、祖母均分，洗衣的設備則全給大哥。不能再靠家裡過活的謝良吉跑到仁德的工廠上班，也把母親接過來住，但是一段時間後，母親住不慣鄉下，只好和二姐商量租下她三樓透天厝的一個房間給母親住。

成家

那段時間發生在謝良吉身上唯一的好事，大概就是必須依著習俗在送父親上山頭後的百日內結婚。在簡單就好的原則下，新婚夫婦沒有拍結婚照、沒有掛結婚戒指，當然也沒有辦桌請客，連迎娶的西裝都是借洗衣店裡很久沒人來拿回去的，直到迎娶隊伍來到新娘家中才發現，西裝褲的線都脫落了。謝良吉心裡帶著幾分歉意，真是有點脫線的結婚呀！尤其擔心自己的身體會不會像是以前部隊的大砲打出去，嵌入地面卻許久不見聲響的未爆彈。

謝良吉當兵前在土地銀行旁的「福美」電器行當修理師傅，年輕、體格好，加上高工畢業的好手藝，很快闖出名聲，客人上門都指名要他幫忙修理。有天下午，一位長相清秀的女孩來店裡買組裝收音機的材料，被女孩聲音吸引而抬起頭的謝良吉，和女孩的眼神第一次交會。後來謝良吉跟著部隊從金門移防到高雄，這位女孩拉朋友陪著去看他。就這樣當謝良吉的父親送上山頭，而家族長輩要謝良吉趕快結婚時，他心裡頭閃過的人就是已經交往一段時間的這位女孩。

一切低調的婚禮，最後看來也不見得是壞事，就在很多父親的結拜兄弟還不知道前，謝良吉無奈地和太太離緣。那天，下班回家的謝良吉和太太起了爭執，盛怒的他大力一揮，一巴掌打掉了還不滿三個月的婚姻！太太拿了行李和存款簿走人，留下才還沒有滿月的男嬰給謝良吉。

「你還不趕快去把她帶回來！」母親難得對他嚴厲地說話，襁褓中的孫子該怎麼辦？

「有腳出去，就有腳回來！」謝良吉想到每次拿回家的薪水不到幾天就用完，只說拿去買菜，心頭上一把火燒得猛烈。

謝良吉的太太沒再走進謝家過，少了媽媽的孩子，還有一個渾身病痛又工作老是不順利的爸爸，大半照顧的擔子落在阿嬤的身上。為了賺錢，跑船繞了地球好幾圈的謝良吉回到臺灣，因為二姐租房子的屋主要賣，他跟會花了七萬元，在臺南一中附近買了間十坪左右的房子，勉強隔成一房一廳，後面的廚房是另外隔出來的違建。謝良吉把母親和兒子接來同住，聽母親說讀大班的兒子睡在床上被老鼠咬到手指頭，連一聲也不哭，看著兒子胖嘟嘟的臉龐、像龍眼子那麼大又黑的眼珠，謝良吉覺得好可愛，卻也很陌生。

沒多久，有五個小孩的大哥要媽媽回洗衣店幫忙煮飯、帶小孩。當突然家裡只剩下謝良吉和兒子，才十坪大的房子卻讓人覺得很空曠。謝良吉忙著想辦法討生活，一次次失敗收場，加上日漸彎曲的身體，轉眼間，那孩子不知怎麼地已經準備要讀高工了！

謝良吉住家的廚房裡，每到假日才會傳出鍋與鏟交戰的炒菜聲，沒多久就傳出他從小就熟悉的的香味。父親離開後，唯一掛念著自己的，大概只剩下母親吧。當謝良吉身體嚴重變形而常待在家裡後，在哥哥的洗衣店幫忙的她會利用假日過來，總愛唸東唸西的，其實，應該是鼓勵啦！「怎麼不要去找工作，做手工賺個幾百元也好。」謝良吉也只能苦笑，有段時間每天看報紙的廣告找工作，但真的找不到呀！沒有老闆願意員工常常請假，想要做手工藝也找不到。還好，有媽媽固定過來幫忙打掃，還會去菜市場買菜來煮，多少讓謝良吉每天的生活有點期待。但每當母親數落他沒照顧好兒子時，他也對母親有微辭。

「你哪會攏不教，這樣落去看要怎麼辦？」母親的眉頭揪成一團，她煮好了菜，那孩子卻只顧睡覺，連吭都不吭一聲。

「要教你教，你都說我教小孩像碰到怨仇人！」叫不動兒子的謝良吉覺得都是因為母親溺愛孩子，才會變成現在的樣子。

謝良吉曾為了鼓勵兒子考上臺南高工，給他一萬元當做鼓勵，但沒交集的父子倆，同住一個屋簷下像路人甲和路人乙，碰面卻沒什麼話好說。當謝良吉的狀況愈來愈差，孩子的生活、補習費都是阿嬤在負擔，謝良吉心裡很清楚。母親有時會邊煮邊念說，菜很貴。謝良吉忍不住就頂嘴，如果貴就不要買，要買又嫌貴，那不會買便宜的就好。媽媽往往就不再出聲。

謝良吉的心情很複雜，只能再去廟裡領救濟米時，多拿些過去給媽媽。有次鹿耳門濟公廟一口氣發了十包三斤的白米，讓謝良吉高興了好多天。有回，他一口氣釣到十六尾的鱸魚，每尾大概都有一臺斤重，釣到夜色籠罩、沒有蝦餌才回家的謝良吉，連夜把魚處理好，全都拿給母親讓她慢慢煮來吃。

謝良吉常常收到兒子補習班寄來的曠課通知單。高工畢業後，說要補習念大學，卻常常沒去上課。有時回到家，看到謝良吉和朋友在家喝酒聊天，連聲招呼也不打，謝良吉的朋友生氣想要幫他修理，但他揮揮手要朋友別管。「修理他也沒有用！」

謝良吉記得有次兒子回家睡覺，因為太晚起床，洗完衣服後就要謝良吉幫忙晾起來。但謝良吉那時背已經駝得嚴重，自己的衣服都只能就近披在洗衣機上。結果當兒子回來看到洗衣機上濕漉漉的衣服時，竟然毫不囉嗦地穿上身。謝良吉看得一肚子氣都衝到喉嚨上，沒再多講半句的他只是嘆著氣想，自己的衣服應該要自己處理，好像在叫奴才一樣！在外面打工，也沒看到拿錢回來。

「唉，還沒滿月就沒有媽媽，可能，和這孩子的緣分不深！他不受教，我身體也不舒服，想管也管不動呀！」後來，兒子說要去臺北工作，好久沒看到他的謝良吉打電話問要不要回家過節，才發現兒子給的電話號碼根本是胡亂報的，電話那頭的工廠小姐說根本沒有這個員工。

從來，兒子不曾陪著去看病，即使到後來謝良吉中風有生命危險，兒子也沒回來。謝良吉不知道該怨誰，心中應該是愛小孩的，卻不知道要如何扮演好爸爸這角色。

看到阿吉伯的用心作畫，安養院的社工會幫忙印圖案。米老鼠結婚，阿吉伯覺得很有趣。透過繪畫，躺在床上的時間變得很好過，人也比較安定。

阿吉伯看報紙，有好玩的卡通圖案就拿來練習。這幅讓人心生溫暖的漫畫，夜幕低垂之際，史努比舉著燭台和小鳥展開一場心靈的對話。

許多圖畫中都可看出阿吉伯對親情的
渴望與期待。

阿母

「阿母不是一下子倒下去，是慢慢坐下去！醫師檢查後說是骨質疏鬆，稍微有裂開。」二姐從醫院帶母親回家，交待著母親在菜市場才從摩托車後座下車，她轉過身來看著母親往地上倒。那個週末，母親一如往常地從大哥家過來，她要謝良吉打電話給二女兒。母親說想去廟裡拜拜，要謝良吉二姐騎車載她去東門市場買東西。

從二姐回去後的隔天開始，謝良吉拖著半彎的身軀，忍受著大家異樣的眼光，每天下午去菜市場買旗魚肚回家。一個星期裡有時煮湯，有時煎的香味四溢、QQ的，母親總是吃得很開心。謝良吉每個月的低收入戶補助用完了，就向朋友借錢來買魚、買菜，就是不願意讓大哥或二姐知道。有時在街上碰到朋友問起來，謝良吉應付兩句就趕著回家，因為怕媽媽找不到人。

「大哥，今天你開車載阿母去醫院看病好嗎？她透早起來在喊痛。」謝良吉顧不得面子，希望電話那頭的哥哥趕快過來。

「拜託，這呢早，醫生還沒上班！」大哥應著話。「等一下再去醫院。」

「阿母這呢痛！你是袂會掛急診嗎？」謝良吉的火氣衝上腦袋。

掛上電話沒多久，大哥開著車來。只是，他停在門口要謝良吉扶母親上車，這又把謝良吉惹毛了！他吼著：「我現在連走路都有問題，哪有法度扶母親出去，你好好一個人不扶，叫誰扶？」大哥一開始沒意會到母親的情況嚴重，直到被謝良吉怒目相對時才覺得情況不對，趕緊下車扶母親上車。

母親從那天起就沒離開過醫院。一個月後，謝良吉接到姪女的電話要他趕快到醫院。因為母親的肺部感染產生併發症，醫師向謝家子女發出病危通知。謝良吉一手抓著拐杖、一手扶著彎曲的腰，緩慢地移動著酸痛的雙腳走進醫院大門，他心裡納悶，為什麼姪女已經在那兒等著他？剛才路上還差點跌倒，難道有什麼事？

坐電梯來到病房，有空間的地方都站了人，大姐、二姐、大哥和大嫂，還有那些姪女、姪子們都到齊。謝良吉那和地面平行的背部，不用特別抬頭就能看母親，即使大半的身軀都讓被子覆蓋著，他依舊能感受到母親隱藏在被單下瘦弱的身形。她的眼睛微微張開著，緩緩地時左而右地看著每個人的臉，雖然氣若游絲，但聽得出來她在叫誰的名字，母親問著小孩讀冊有用功嗎？每天有好好吃飯嗎？她要子女們和樂相處，互相幫忙。

大家守在醫院一夜，謝良吉的母親在中午來臨前嚥下最後一口氣。謝良吉得開始習慣不再有母親來煮飯的日子。

阿吉伯以臺南七股為背景所描繪的農家樂，中間有一條河穿越，兩邊有茅草為頂的房屋。稻禾在微風中搖曳。小朋友下課了在外面玩耍，等著大人農事完後返家。河邊有大樹，可以乘涼，可以休息，而水，更是生活的重心。用水方便，也能灌溉。

偶爾，謝良吉腦海中會浮現「清水洗衣店」的招牌，從熱鬧的街上走進門，母親額頭上冒著汗忙著洗衣服，父親則眼神專注地，把每一件襯衫燙得平順如絲。「老大、老大！是在想什麼？」謝良吉在一起混過的小弟吆喝聲中回神過來，他在客廳的孔雀椅上對他們露出微笑，雖然，最近慢慢感受到能看到每一天的日頭，或是每一天晚上的月亮，是一件難以控制的事，但日子還是得過呀！

國中時，家裡有一把手工製作的武士刀，還有一個「手指虎」，要是被打到臉，肯定會受傷的。謝良吉的爸爸曾經當過日本兵，爸爸有天心血來潮地說要教謝良吉做刀。到街上把鐵買回來，用火燒紅起來後趕快打成刀形；刀的手把用兩片板子，鑽好洞，再用鋁釘合在一起，最後，在手把上捲上線就大功告成。

謝良吉那時總想：「有機會可以行俠仗義、主持公道，反正，有需要時就可以用。」只是這一輩子，好像都沒有這樣的機會。國中時在學校外面的攤子上打香腸，五毛錢打一次，老闆最後欠謝良吉三十幾條。後來，只要看到謝良吉從校門走出來，就直接送上烤得油水直滴的香腸，只求他不要再打。「說話不要太超過！」是謝良吉老愛掛在嘴邊的話，要真有不上道的學生講些他不愛聽的話，他可是會直接打人。

那時街上的孩子分成兩邊，謝良吉這頭一國，另一邊的家長在鐵路局工作。每一邊有國小、國中和高中生，大家圍成一個大圈子，就像是一個拳擊的舞臺，才國中的謝良吉總是帶頭和對方的老大釘孤枝，有時氣不過還把人家抓去撞牆壁。曾經對方有三個在巷口想堵人，結果被謝良吉用美軍的鐵水壺打到走投無路。誰敢嗆聲，就等著被謝良吉修理。「誰叫他們成群結黨到處欺負人！」謝良吉可不想認輸！有一次，對方把下課後擺好的桌椅弄亂，謝良吉和幾個同學合力帶到廁所修理，對方被電完後還邊跑邊嗆說：「今天沒吃飯，不然你就慘了！」

媽媽走後，唯一的兒子也難得見上面，近乎獨自生活的謝良吉，每當感到痠痛時就去藥局買便藥。老闆聽他描述病情後幫他配藥。也許因為藥效強，謝良吉覺得吃完比較不會痛。藥局的另一個好處是可以欠費。謝良吉每次領到補助就去清個一千元，剩下一半當生活費。藥局老闆總說：「先吃沒關係，有錢再來清。」有一次，他跑到一家外科醫院想要申請證明，卻被醫師調侃說有錢給別人賺，都不來這邊看。謝良吉回說，如果有錢，誰不想來醫院看病。醫師沒說話，眼神卻飄到謝良吉口袋裡的黃色長壽菸盒，然後他說，沒錢？還有錢買菸抽？謝良吉聽了氣得掏出菸盒，使盡力氣的摔在醫師的桌上。

「你做什麼醫師？」謝良吉氣不過地吼著。

「生什麼氣呢？」醫師讓這突然的舉動嚇到，有點結巴地。

「換成是你，你會生氣嗎？」謝良吉反問醫師。

病人和護士都探頭進來，擔心發生什麼大事情。「一張醫師證明是要用錢買的，掛號也要錢，醫生為什麼要虧我？」謝良吉常想自己的脾氣雖然不好，但至少不會無理取鬧，對的就是對的，不能錯的事情還要橫柴拿入灶！

與其出門被人指指點點地，謝良吉寧可盡量待在家裡想東想西，反正幾口飯下肚，想餓也餓不死。有一次，才走到超商門口想買包菸，就聽到一位媽媽用嫌惡的眼神看著他，然後低頭對身旁的小男孩講了些話。什麼叫做一定是沒有做好事，才會變得這麼慘，如果有辦法，誰會無聊讓自己這麼慘嗎？這媽媽真是沒家教！謝良吉也只能生悶氣。

躲藏

「大哥？大哥你在嗎？」一陣呼喊把謝良吉從午後的假寐中喚醒，他聽得出來那是乾媽的兒子在門外叫著。猶豫了幾秒鐘，他還是緩緩地從椅子上爬起來去開門。隔壁的說已經好多天沒看到你，乾弟說，真擔心你會不會發生事情，啊你有沒有事啦？謝良吉說，沒啦！只是在想事情。

「真的沒事情嗎？」乾弟又問一次。

「拜託，哪有什麼事？」謝良吉覺得納悶，乾弟在亂想什麼？

「那你自己摸摸看下巴？」乾弟笑了出來。

「何時鬍子變得這麼長?」謝良吉尷尬得臉紅起來。

「沒事?那你的鬍子為什麼那麼長都沒修?」

謝良吉一時答不出話來，後來想了想說，大概是出門被人家說怕了，躲在家裡比較自在，反正，以前的小弟們常會過來。乾弟要謝良吉想開一點，別去想別人怎麼說!兩個人開始聊著過去、聊著乾媽的身體，後來，乾弟說還有事要辦就走了。

「原來，現在的自己，只是一個鬍子長到沒人認識的怪老頭!」謝良吉有時想，常來家裡的小弟們雖然和自己一樣，沒什麼值得好說的人生，但至少很講義氣。他們三天兩頭帶些酒菜來，邊扯邊喝地直到天都快亮了才離開。日子就這樣吃著酸痛成藥和酒精中醉生夢死地過，也好，至少能讓自己忘卻身體疼痛。唉，他覺得悲哀，連想喝到醉得不省人世都沒辦法，只能怪自己酒量太好。

總統大選那年，謝良吉在過年前領到三十萬元的低收入戶補助，這可是個意外的大禮物。謝良吉想到該回報平常大家的照顧，除了拿了幾萬元幫助一位結拜大哥，他開始約大家去舞廳買醉，一杯接著一杯的紹興酒，像開水龍頭毫無限制。從大年初一喝到大年初五，無眠無日地，連便衣巡邏員都過來參一腳，大家說什麼要把便衣灌醉，結果一個個自己先倒，沒路用。不到一個月，三十萬元被用到見底，他卻沒有皺一下眉頭。

兄弟們在謝良吉四十八歲生日時，包了KTV的包廂幫謝良吉慶生，生日碰上平安夜，整個城市彷彿陷入紅花綠葉的過節氣氛。他想到自己彎著腰，沒有工作，卻還有這麼多兄弟在乎他這位大哥，心頭難免感傷。都是十幾二十年的朋友，有的還在社會上混，有的已經有正當的工作，大家的臉紅通通地拱著他說幾句生日感言。謝良吉說，玩沒了時！要玩就要玩大尾，還是不要玩了；不然，出了事都是小的去擔。只是大家都醉了，也不知道有幾個人聽進耳裡。

半夜裡，謝良吉和大家揮揮手說要回去了。留下一群相互取暖的朋友，走出KTV的謝良吉忽然覺得冷。看電視常聽到主角感嘆人生就像眨一下眼，咻一下就過了！可不是嗎？都要到年底了！再兩年就要五十歲了，連剛才許的生日願望都記不太起來。謝良吉吃力地跨上機車，把下巴貼在儀表板上，緩緩地離開了身後五彩燈光。深夜的臺南街頭沒有川流不息的車潮，也沒有指指點點的奇怪眼神，難道自己真的是大家想的上輩子做了多少壞事，才會落得今天這種下場，喔，拜託拜託，想像力會不會太豐富？每次當他轉身看著他們想要解釋，他們卻趕緊別過身當做沒事，那比直接大吵一架還讓人難過。

交通號誌一閃一閃地，連街上的野狗都睡了。家人、鄰居，其實連兄弟們應該都覺得謝良吉是在麻醉自己，但他覺得自己早就沒有權利去想明天、下個禮拜、下個月要怎麼樣；就算下一秒就斷氣，好像也無所謂。不甘願，又能怎麼樣？是酒精的催化嗎？過去的一幕幕又關不住的全跑了出來……「還風光的棒球選手呢！現在和廢人沒兩樣啦！我不放棄，又能怎麼樣？手術可是要好幾百萬元。」

跌落

距離五十歲生日只有兩個月的十月二十五日凌晨，窩在客廳籐椅上的謝良吉怎麼也睡不著，睜開眼，腦袋像空掉似的有些暈，他打開電視讓聲音填滿耳朵。覺得窗外漸漸亮了起來，謝良吉把僵硬的雙腳從桌上扶下，使勁地來回揉著。

牆上的掛鐘短針已經走到八，「吃完稀飯再睡吧！」他決定起身，一步步慢慢地踱進廚房，抓了把米放進鍋裡，把鍋子放進洗碗槽，才想打開水龍頭時，整個身體往下癱軟。「哪會安呢？人好好哪會溫落去？」謝良吉心頭直覺得慌亂。

倒在地上的謝良吉雙手撐在水泥地板上，試著慢慢再爬起來。就算變成只有半個人高好幾年了，謝良吉還是努力地維持基本的顏面，從來就沒什麼在怕的他大口喝酒，愛講人生的道理，就是絕對不能在小弟們的面前漏氣！「奇怪，為什麼會……」好不容易爬起身的謝良吉，不到幾秒鐘又再次跌落地上，再也沒力氣起來。

躺在地上，連聲音都喊不出來！難道這一輩子大概只到這邊，人生到頭來什麼也不剩，只是，雖然從當兵開始就病痛纏身到現在，活也活不出什麼道理與尊嚴，但活下去卻成為謝良吉當下最渴望的小小心願。也許命不該絕，有個平常到下午才會來的小弟，竟然在他倒下一個小時就來了。聽到鐵門打開的聲音，謝良吉心想終於有救了！小弟搖著謝良吉的肩膀，大哥、大哥地喚著，謝良吉只能瞪大眼看著，小弟趕緊打電話求救。幾分鐘後，嗚咽的警笛聲在巷子口震天嘎響。

被送進市區大醫院的急診室後，謝良吉不能言語，護士拿來紙、筆讓他寫基本資料，但他眨了眨眼，慢慢失去意識。

「二姐、二姐，是睏死喔？」一個月後才醒過來的謝良吉，睜開眼就看到二姐睡在陪病椅上，另一邊還有其他住院的病人。二姐睡得太沉，不為所動。

「救人喔！誰把我綁起來？」發現雙手都被粗布條綁在病床兩側的護欄，謝良吉有氣無力地吼著。

「你終於醒了，別再叫啦，護士是怕你跑掉才綁！」二姐像是大夢初醒地揉揉眼睛，嘴角揚起疲憊卻如釋重負的線條。

「都不能走了，是還能跑到哪裡去？！」謝良吉只覺得無奈。

謝良吉醒來後，他不清楚自己到底發生什麼事，醫師來查房時也沒特別講。雖然能說出聲音，但就是覺得右腳沒力氣。直到二姐和一位朋友在病床邊談到出院後的安養問題時，他才知道自己中風了。二姐說，醫院原本以為他快不行了，想不到最後能醒過來，真是祖先有保佑！

醒過來值得恭喜？還是讓家人們感到為難？謝良吉不願去想。兩個月後，謝良吉住進臺南醫院附設的安養中心，後來因為醫院要收回自營，他只好移到「德光護理中心」。僵直性脊椎炎加上中風來湊熱鬧，謝良吉骨子裡的不服輸讓他努力地拿助行器練習走路復健，只是沒有復健治療師幫忙，只靠自己土法煉鋼，效果並不好。

住進安養院一年，有天午休過後，看護阿雲幫謝良吉洗澡，滿身都是清香的沐浴精味道。當阿雲推著謝良吉要進房間穿衣服時，一臺沒有關掉的風扇吹得他汗毛都豎起來！然後就覺得吸不到、也呼不出氣，只能大力地喘著。「謝せ，你怎麼呼吸那麼大聲，不要嚇我啦！」阿雲被這樣的舉動嚇壞了。謝良吉說呼吸很痛苦，無法吸氣！

護理長和一位護士拿著支氣管擴張劑趕來，把謝良吉的嘴巴打開後噴著。只是沒有什麼效果，就在等待救護車來到安養院時，謝良吉開始拉肚子，他無暇顧慮這樣的結果帶來的尷尬，因為有更大的恐慌在整個身上蔓延開來，完了，這輩子就要結束了嗎？

「謝せ，你到底在說什麼？你說清楚一點啦！」護士長焦慮地問著。

「我……漏屎！」謝良吉憋住最後一口氣，努力地說出三個字。

在他講完話後就不醒人事之前，腦海中一直想起人們要過世的時候，不是都會清肚嗎？那自己開始拉肚子，是不是就代表就要死了呢？

救護車把謝良吉送到醫院急診室，醫師檢查現血氧只剩下百分之十。兩、三位醫師討論後過來和大姐建議，不要救了！就算救起來，可能只剩眼睛會動而已，跟植物人差不多。在一邊的安養院護理長聽了氣得用手指著醫師說，你們做醫師的到底在幹什麼？病人躺在那裡臉色愈來愈黑，你們還站在那裡，還不趕快動手救！

急救後的謝良吉在晚上十一點多醒來，只覺得怎麼這麼多人，好吵。幾天後回到德光，鼻子插著一條軟軟的管子。謝良吉覺得好像又重活過一次，他想要更積極地自主訓練，就像棒球選手比賽時碰到低潮，只有更紮實的訓練和心理建設，才有機會再次上場有好的表現。

謝良吉只要醒著，就會扶著牆壁上的鐵桿做伏地挺身，往往一做就是上千次。甚至，他雙手用力把身體撐起懸空，手離開鐵桿拍手後再抓住鐵桿撐起身體。

半個月後，謝良吉的體能變好了，卻發現自己的頭慢慢地往下垂，就算閉著嘴巴，舌頭也會不受控制地從缺掉的門牙縫中跑出來。講起話來，根本沒人聽得懂，吃飯也只能完全仰賴鼻胃管。

也許是受苦多年習慣了，謝良吉並不覺得特別難受。但是每當看護幫忙洗頭時，當水滴接觸頭頂瞬間的神經收縮，總讓他痛得受不了。二姐在安養院打了好幾天的電話後，終於來看他，至於自己的兒子，根本找不到人。哎喲，怎麼那麼嚴重！二姐的眼睛不太敢正視地問著，但謝良吉氣得不知道該說什麼。

其實在前些日子，謝良吉的二姐帶他去醫院，拜託醫師能否幫忙開刀調整背部，讓他能夠挺起胸來。後來，醫師同意在十一月五日動手術。只是，謝良吉因為積極復健造成頭部下垂、舌頭外露的窘境。

「你要忍耐下去到手術的日子，如果還能活，那你就大富大貴了！」看護世美鼓勵著謝良吉。十月底，謝良吉住進醫院準備開刀，只是一直沒看到醫師來巡房，他每天瞪大了眼睛想著：「開刀時間都快到了，連人影都沒有！」就在十一月二日那天，終於看到有位醫師帶著一位實習醫師在病房門口，卻沒打算進來的樣子。謝良吉努力地轉過身去想和醫師確認開刀的事，但穿越清冷的空間，他清楚地聽見那位醫師說：「你去和病人說開刀要延後一星期，就說要出國開會。」實習醫師在主治醫師走後才踏進病房，並把剛才被交代的話原原本本地重複一次給謝良吉聽。

「你是在說給三歲小孩子聽？要騙誰啊？哪有病人放在這裡，他一個人要出國開會，到哪都說不通！」耐著性子聽完後，謝良吉開始嚷嚷了起來，但舌頭占據了嘴巴，誰又聽得懂呢？他拿起病床邊的紙和筆，邊講邊寫。

「我幫你介紹到花蓮慈濟醫院好嗎？」像是粗糙的戲碼被輕易地揭穿，住院醫師開始好心地建議。

「甘袂太遠，不可能去，能不能近一點？」謝良吉頓了幾秒鐘，他聽過慈濟，印象中是有師兄、師姊那種到處去幫助人的團體，至於對慈濟有醫院卻一無所知，但臺南的醫師不幫忙，很無奈。

「大林也有慈濟醫院，去大林好嗎？」住院醫師想了一下又說。

「好啦，你們都是醫師，幫忙聯絡比較快？」謝良吉的心一度跌到怎麼也看不清楚的黑洞裡，但抬頭仰望，那上頭有道光還沒熄滅。

謝良吉從沒感受到醫院是如此有效率，那位住院醫師離開病房後，一定是馬上幫忙打電話聯絡。很快地，謝良吉被推上救護車開始飛奔。醫院像是送走一個燙手山芋，每個人都鬆了口氣。

九千元的車資又得靠二姐幫忙，死馬當活馬醫吧！謝良吉在快速晃動的車廂裡胡亂想著。

記得南英畢業後，跑到高雄的藥局打工幫父親還債，回臺南準備考試的空檔，正好有位國小校長要學生去找棒球隊的教練。有位學生住在謝良吉的隔壁，跑來拜託他幫忙。經過校長看過投球的身手，謝良吉開始幫球員調整守備位置，練守備、打擊。只是沒多久，父親就不讓他再去學校。前兩年有三、四個高中生下課後騎腳踏車經過，突然有一位對著謝良吉說：「你不是謝教練嗎？」已經彎著腰像個老爺爺的謝良吉不想讓學生丟臉，趕忙揮揮手說你們認錯人了。

「我不敢期待明天的太陽！來到這邊半年前，我就已經沒有辦法吃東西了。但是，如果有絲毫機會能夠沒有病痛，甚至，能夠重新抬頭挺胸，任何手術、疼痛，就算要過『十八銅人陣』，我都願意忍受。」約莫五十分鐘後，救護車轉進大林慈濟醫院急診室大門，謝良吉被推下車，第一眼看就是那位膚色白皙，眼睛骨碌碌轉的骨科醫師。他覺得看起來好年輕！但想想，也沒差了。其實，謝良吉早就不敢對身體抱任何希望，病了三十年呀，現在連頭都歪了，喘氣也有問題，真的有機會活下去嗎？

阿吉伯看著簡瑞騰醫師的照片完成這
幅畫。當時簡醫師很年輕，還沒去美
國修業。阿吉伯滿懷感恩來作畫。

第二章

叫我簡骨科

年輕

十一月初月的夜晚，隨風飄來幾分秋日的涼意，稍微驅散白晝累積的熱量。大林慈濟醫院二樓的手術房門外，還有幾位民眾不時焦急地探頭。這是慈濟基金會向臺糖公司承租甘蔗園後興建的醫院，邊上有幾分地是民眾捐的，加起來有二十公頃大。去年也就是八十九年啟業後，鎮上的人、車慢慢多了起來。

鄰里間每隔一段時間總會有些關於醫院的故事傳誦著，有好的，也有壞的，到底正確與否，就像空氣中瀰漫的味道，很難說得清楚，一段時間後就自行消散。但整個鎮上終究只有兩萬多人，沒有熱鬧的街道、電影院和百貨公司，最熱鬧的時候，是每週一晚上在醫院對面廣場上的夜市。醫院總為了招募醫師、護理而傷神。有些醫師已經談好說要來服務，最後卻因為另一半沒地方逛街而作罷。

回到故鄉大林一年多的骨科醫師簡瑞騰，在手術房的無影燈下準備結束這天最後一臺刀，從凌晨三點多從醫院宿舍起床到現在，已經十幾個小時沒休息。簡瑞騰開刀時，手部敏捷的動作滿溢著自信，因為他早在幾天前就開始蒐集世界上類似個案的文獻，更在動刀當天凌晨把一天要開的刀都自我演練過，一次又一次地，「快、狠、準」是開刀時的最高原則。

從到花蓮當住院醫師跟著老師學習開始，他就不斷地提醒自己：「病人多麻醉一分鐘，就多一分風險！」開刀房裡的人都知道在執行手術的當下，這位醫師絕對是專制的「國王」，所有動作、細節都有確定的準則，就算看起來不合理、荒謬且缺乏人性，但一切都是在以病人好的前提下被簡瑞騰要求要遵循。

年輕氣盛又滿懷理想的他拚命的衝刺，很快在地方成為被探聽的對象，只是，相對的在每一次的門診與手術中，肩頭上被期待的壓力，彷彿也無止盡的加重，不是零分，就是一百分！

「如果手術檯上躺的是你爸爸、你阿公，還是你阿嬤時，你會這樣做嗎？」他無法容忍助手一丁點的放鬆與不敬，接連不斷地指責正一句句排山倒海而來。突然，開刀房的電話鈴聲響起，接電話的護理同仁說，是花蓮陳英和院長打電話來，要接嗎？關好開刀的傷口，簡瑞騰毫不遲疑地走過去拿起話筒，對於老師打電話來覺得高興，卻難免懷疑這個時候不像會聯絡的時間。

師命

「一位僵直性脊椎炎的患者，有生命危險，要轉給你。」陳英和醫師在電話那頭的語氣平靜無波。

「沒問題，可以送來大林！」簡瑞騰對於老師親口交代，沒有半絲猶疑地脫口答應。在花蓮慈院跟著老師身邊，已經累積超過一百五十臺手術的經驗。

「好，要從急診轉去。」陳英和醫師交代完就掛上電話。

離開手術房，簡瑞騰從樓梯走下一樓，往右轉，逐漸地加快腳步近乎跑起來地往急診趕去，對於沒能下刀後回家休息，簡瑞騰不以為意。倒像是小孩子期待終於要揭開包裝，看看盒中裝的是什麼禮物，到急診室不過幾十秒的路程，好奇心已經滿到頂點。

救護車駕駛熟練的掀開車後門，拉出車上的鐵床，醫院的保全弟兄將病人移到急診的推床上，準備往診療區推。簡瑞騰趕上前瞭解情況時，卻不由自主地往後退半步，他睜大著眼看著床上有個蜷縮成一團的男子，仔細一看，病人的舌頭跑到嘴巴外面，口水不斷地順著臉龐滑落，抽痰管一直運作著。「怎麼回事？為什麼會放到這麼嚴重才要醫？」那位病人有邊眼睛緊閉著，卻用另一隻眼眨呀眨地看著他，彷彿看穿簡瑞騰心中的疑惑、驚慌。

進到急診室的留觀區，病人痛苦不堪地呻吟著，簡瑞騰想要安慰他，卻不知該說什麼。而他應該是急著要講自己是怎麼生病、如何的痛苦吧，但只能發出難以辨識的濁音；拿出紙、筆來用寫的，卻是難以訴盡呀！從震懾中鎮定下來的簡瑞騰確認病人的名字是謝良吉，四十九歲，臺南市人。簡瑞騰帶著笑意的眼神，以果決的聲音安慰著。只是從謝良吉的眼神中，好像也嗅到一絲病人對醫師能力的疑問。簡瑞騰聳聳肩，也許，是自己多想了吧！護士小姐幫謝良吉抽完血後，準備要去影像醫學科照X光。

簡瑞騰穿上沈重的防護鉛衣，走進檢查室的設備前，他的雙手從謝良吉的背後環繞到胸前，使力地將他抱起，往左移一點，再往右；

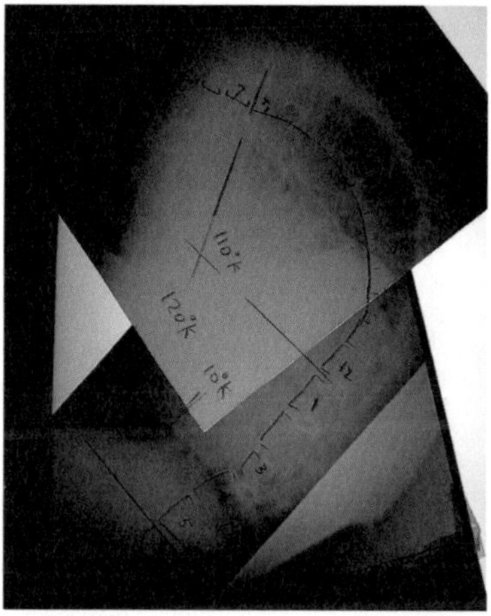

X光影像顯示脊椎超過一百二十度變形。

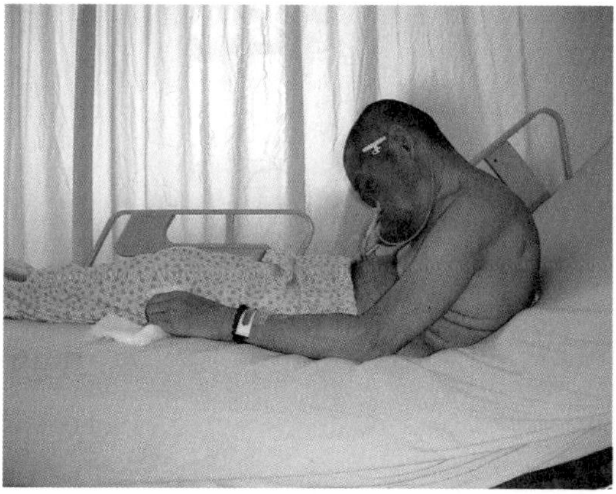

阿吉伯剛到大林慈濟醫院的情況。

上一點，再往下一些，簡瑞騰的腦海中裝滿病人的面容，以及每一張檢查影像可能訴說的答案。他想過，病人的情況複雜未明，剛才觀察發現，只要稍微一動就夠讓他痛得哀嚎，搬一次就等於是傷害一次。畢竟，自己比放射科的技術人員多了解些。尤其，病人的身體嚴重變形，不這樣做就沒法得到想要的拍攝角度，結果會影響後續的判斷與治療，就決定還是親自上陣吧。

其實，從入伍當兵開始，簡瑞騰開始買書、跟著電視臺的客語新聞學習，因為花蓮有四分之一的客家人。當然，他也學了幾句阿美族語、日語，這樣可是能讓來到診間的老人家開心不已！每當豐年祭來臨時，花蓮慈院的清潔阿姨總愛邀他參加。簡瑞騰為了溝通、贏得病人的信任，只要能做的就卯足了勁去學習，但這次在放射科抱著病人照X光，真的壓根沒想過。

那天晚上在謝良吉轉病房後，簡瑞騰懷著不少於謝良吉複雜病情的情緒回到宿舍。這一兩個小時接觸下來，像是誤闖一座瀰漫著大霧的森林，東闖西鑽的，身上的裝備還沒能派上用場，不安的情緒已經累積到頂點。但就在手足無措的崩解邊緣前，他在走出檢查室後看到病人的眼神有一點點變化。從急診大門口時的痛苦且懷疑的眼神，那是病人對環境與醫師陌生下的自然反應，直到被醫師這麼直接地抱著，謝良吉的眼神變得柔和，甚至，帶有幾分期待與信任。

簡瑞騰向另一半翁瑩蕙提起在急診接到的特別病人，沒真的親眼看到，實在很難說服有人可以病到如此嚴重，整個上半身恰似一把有著彎曲手把的拐杖。儘管翁瑩蕙不敢置信，但她從兩人讀北醫後認識開始，總扮演著堅定、激勵的角色。

學生時代，兩個人第一次約會時，簡瑞騰穿著短褲，以及一件還有著裂縫的短袖汗衫，沒有豪華的餐廳，兩個人在學校後山爬了一天，沿途盡是墳墓相伴。後來，簡瑞騰到花蓮慈院當住院醫師，翁瑩蕙也跟著到那擔任營養師，有天，同事緊張地和她說有位看起來像流浪漢的男子，正在和她的女兒玩遊戲，翁瑩蕙回頭看到簡瑞騰身上的衣服破了一個洞，只好老實和大家招認那是自己的先生。從交往開始，翁瑩蕙選擇相信這位男生，然後把未來託付給他。而現在，她同樣相信自己的先生有能力幫病人拔除苦痛。這一刻，有家人的支持，病人的態度也開始轉變，但簡瑞騰更需要是相信自己。

躺在床上準備就寢，閉上眼睛的簡瑞騰想著接下來的挑戰，就是這麼巧呢！明天正好碰上陳英和老師每月一次從花蓮來支援。他覺得，冥冥中自有註定，就順著這個因緣往下走吧，不堅持下去，又怎麼知道沿途有什麼風景正等著自己呢？安住了心在當下，下一秒就沉入夢鄉。

信心

床頭櫃上的鬧鐘盡責地在清晨三點半響起，簡瑞騰掀開身上的被子，安靜地起身去盥洗、穿好襯衫，最後打上藍底上有細細白色斜紋的領帶，這是慈濟醫院對醫師服裝的要求，在團體中因整齊而營造的美感，藉著端莊的儀容來顯現專業與對病人的尊重。離開宿舍前，簡瑞騰來到一對女兒的房間，靜靜地多看兩眼。如願回大林前，他把大女兒取名怡嘉，小女兒報到後，他取名意林。「心在臺灣嘉義」、「一心一意回大林」，每喚一次孩子的名字，就想起故鄉的爸、媽。

套上底部有自己縫補痕跡，快要變成灰色的黑皮鞋，簡瑞騰闔上鐵門，走入陽光未露的漆黑中，目標是宿舍對面醫療大樓中的醫師研究室，迎向未可知的挑戰。曾經有人問他：「骨科到底在做什麼？」他毫不猶豫地說骨科其實叫矯形外科，那時，他指著一幅漫畫中枝幹扭曲變形的大樹。在樹下兩個人拿著刀鋸、繩、斧，使出渾身氣力地想要重塑樹形。結果呢，那樹因為飽受壓力而露出痛苦的表情，而拿著刀鋸的人也因為出力而面容扭曲。

　　骨科醫師的工作，他說就是在手術檯上，在病患變形扭曲的肢體上切、割、鑽、雕，施展人骨拼圖、截彎取直、截長補短、無中生有

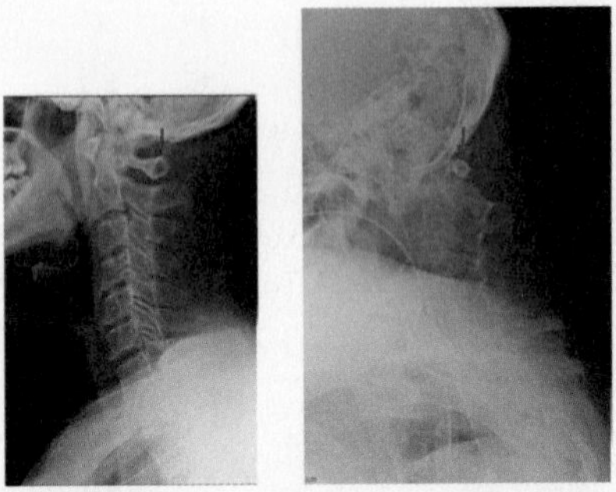

右圖為頸椎一、二節脫位，左圖為對比正常頸椎X光圖。

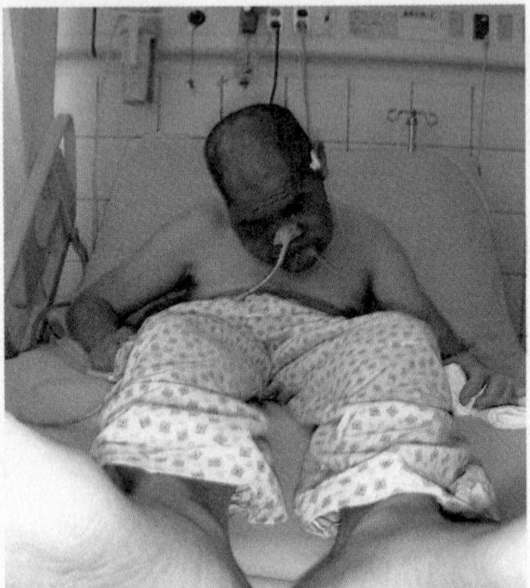

謝良吉剛到大林慈濟醫院時的狀況是頭歪、閉眼，不自主流口水。

等絕活，這就是了；那對病人來說呢？他想了想，治療的過程看似恐怖、無情，但只有時間會讓病人看到忍受這些折騰所帶來的好處。

簡瑞騰進入醫療大樓，沿著牆面上綠色的逃生燈走進研究室。那天，他埋首在謝良吉的檢查影像、網路世界、成堆的醫學書刊裡。等到老師看診到一個段落，他急著把自己的發現和老師討論，經過老師的確認，總算慢慢理出病情的頭緒。謝良吉得到僵直性脊椎炎，長期的發炎讓背彎下達到一百二十度以上，還有，合併第一、二頸椎旋轉性脫位，實際的情況就和名字聽起來一樣，很複雜！在全世界的醫學文獻中也很罕見，那意味著沒有什麼個案可供參考。尤其，謝良吉頸椎脫位後一再延誤治療，才會造成頭墜下到胸前，舌頭垂在嘴巴外面。想要救人，得要擬定周詳的「作戰計畫」，還有，盡可能地祈禱！師、徒兩人比劃、揣摩著該如何分階段，讓謝良吉彎曲變形的身體矯正回來。

「但首先要將壓迫神經的頸椎脫位問題解決，讓呼吸順暢，不然，發生嚴重脫位或是脊髓壓迫，到時候整個沒法喘氣、四肢癱瘓……」簡瑞騰醫師不禁搖起頭來，病人其實已經在生、死一線間的吊索上。

「確實，不過，頸椎矯正要用裝的牽引頭環，沒辦法麻醉，過程中要盡量精準地調整，讓病人少受點苦。」老師用直接肯定的口吻說著，讓簡瑞騰沒有機會再鑽牛角尖。

「嗯，治療的關鍵點很重要，我會注意，只是，他的身體狀況很差，真不知道他撐得過這些療程？」簡瑞騰這樣的擔憂一直沒停過，一股隱形的壓力讓他眉頭深鎖。

「盡量幫他做吧！不管結果怎麼樣，隨時都可能像你說的一口痰堵住，或是隨便一個併發症、頸椎稍微動的大一些，就可能馬上無法喘氣，就算真的發生，你也已經盡力了，所以，哪有什麼好後悔。」陳英和醫師推了下架在鼻梁上的眼鏡，圓潤的臉上有一抹笑容滑過。

一塊大石頭頓時從簡瑞騰的心上消失。他帶著微笑走進八樓的骨科病房，和花蓮慈院的陳英和醫師一起討論過，十一月五日要進開刀房做頸椎的牽引手術，親像戴一頂太空帽，簡瑞騰說。謝良吉聽得眼睛都亮起來。簡瑞騰指著頭的位置說，但是在鑽洞放固定架時只能局部麻醉，請你要多忍耐。謝良吉勉強的搖搖手，表示自己不在乎。簡瑞騰轉過身對陪病的謝家二姐和謝良吉的兒子交代著照顧時要特別留意的細節。

離開病房，簡瑞騰想著得要多研究檢查影像，針對手術位置和步驟好好的模擬幾次。晚上趁著空檔，他帶著翁瑩蕙和小孩回三角里的家裡，陪父母親吃飯、聊天。四周都是安靜的農家、田野，狗叫、蛙鳴直抵耳膜；秋天夜裡的風吹來混合著泥土、作物、牲畜等各種混合後的味道，迥異於終日冷氣運轉醫院裡的人工氣息。每次回家，讓簡瑞騰拉緊的神經獲得短暫的喘息，小孩也有空間四處玩耍。

「日頭若落山，老人就孤單！」簡瑞騰回到大林紓解自己的鄉愁，也讓終年操勞農事的父母能夠含飴弄孫。而另一個效應是讓原本清寂的簡家宅院變得熱絡不已，簡爸與簡媽除了繼續忙農活，每天還得花上許多時間聽聽田邊的阿桑、園邊的阿婆抱怨自己的膝蓋沒力、腰椎酸痛，然後打電話給媳婦聯絡幫忙掛號。雖然忙，卻覺得這個兒子真打拚，鄉親不用再大老遠地跑到外地去看醫師。只是，這一天，簡爸的眉頭上有藏不住的憂愁線條。

「哪會放得這麼嚴重，你甘有法度醫？」簡爸憂心忡忡，想勸兒子要多考慮才好。

「說沒試也不知道，但是病人真的很痛苦，花蓮的陳英和醫師也支持。」簡瑞騰用輕鬆的語氣想緩和父親的焦慮。

「你甘不驚手術失敗，結果打壞名聲，甘無再考慮看麥？」簡爸終於說出心中最大的擔憂。

簡瑞騰說：「別操煩，我會研究清楚再動手，還有老師會幫忙。」

想到這麼多鄉親眼睛金金看，簡爸整個人都覺得不輕鬆，尤其兒子在大林才剛開始要站穩腳步。簡瑞騰明白父母疼孩子的心情，兩個老人家常利用種田、養雞的空檔，騎著摩托車到醫院來，他們假裝成看病的民眾，看看候診室的椅子有沒有坐滿，再豎起了耳朵聽聽，是否有人議論著聽說這位新來的醫師真厲害？

謝良吉，這位病人難道不是天公伯送來的禮物？只是讓人感到有些難招架！病人的頸椎已經非常脆弱，稍微移動可能就崩潰掉，別說動手術，一口痰、一次的移床都讓人膽顫心驚。但簡瑞騰想到，從花蓮來到大林承擔骨科，不就是為了讓從老師學來的一身功夫有英雄用武之地嗎？如果想要讓父母在鄉親面前挺起胸膛，別讓簡家的祖先丟臉，這是值得去嘗試的考驗。雖然像是一場賭注，畢竟看起來，沒有太多的勝算。但簡瑞騰想著，三十年的苦呀，能夠忍受到現在，謝良吉這個人的心志到底有多麼地堅強呀，現在如果我不幫他，也沒有任何別的機會了，就為了他放手一搏吧！

翁瑩蕙幫先生打氣說，看過他的肌肉很結實，營養狀況也不錯，耐得起大刀。道了晚安，簡瑞騰帶著太太和小孩往回醫院的路上，漆黑的田野裡，看不到邊際，回頭看謝家屋子裡的燈火，顯得更加清晰。

「痛！痛！痛！」講不清楚的謝良吉在紙上重複寫著痛，零星伴著罵人的字句，簡瑞騰醫師為他完成顱骨牽引手術的第三天，謝良吉原本塌在胸前的頭往上抬起了些，外露的舌頭似乎有往內復原的跡象。只是，任憑求生的意志再強烈，也很難容忍從頭部直達心扉的酸痛感。十一月五日那天早上，謝良吉被推進手術房展開第一階段的搶救，簡瑞騰在他頭的前、後各鑽兩個洞，然後用螺絲把黑色環狀的牽引器固定在頭顱上，過程中只能打少許麻藥，讓謝良吉痛得眼淚都飆出來。

考驗則是在回到病房後才真正開始，簡瑞騰醫師在牽引的頭環上固定兩條線，向上延伸到床上的鐵桿後，再綁上秤砣、沙包、礦泉水，每天以增加零點五公斤重量的進度讓謝良吉的頭慢慢地抬起，直到如正常人的角度才能停止。病床上方的鐵架橫陳，還有三角形的拉環，不明白的人還以為到了健身房。你要多多伸長雙手拉鐵環來移動身體，這樣喘氣會變好，也比較有力氣，簡瑞騰說。只是，謝良吉還是習慣用雙手撐著床面挪動僵硬的身體。

「很酸痛，忍耐不了啦！」謝良吉面容糾結地寫著，覺得自己好像是科學怪人。

「不然，不要用好啦！」護理師小燕用激將

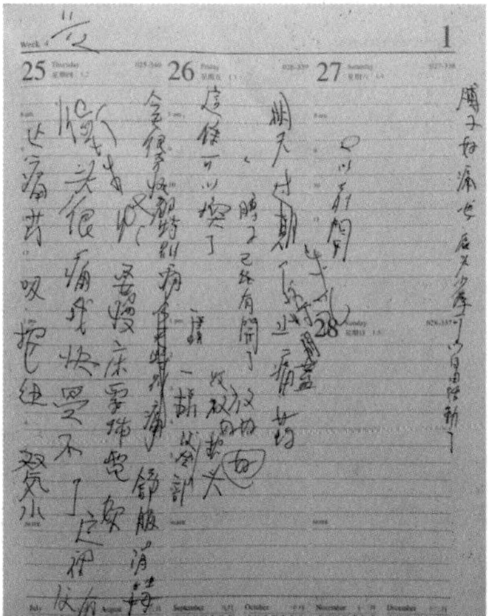

滿紙都是痛。

法，看能否激發一點鬥志。

結果謝良吉作勢要拔掉頭上的牽引設備，小燕趕緊壓制他的雙手，別衝動啦，阿吉伯，這樣很危險，小燕說。護理長蕙君聽到狀況跑來，要阿吉伯多忍耐。他寫著：「比魔鬼訓練還難過，不知道何時要開刀？」護理人員的壓力變得很大，因為有一個要求嚴格、脾氣不太好的醫師，而病人受著苦，在扭曲的身體與面容中，每天都是如履薄冰的艱難照護任務。

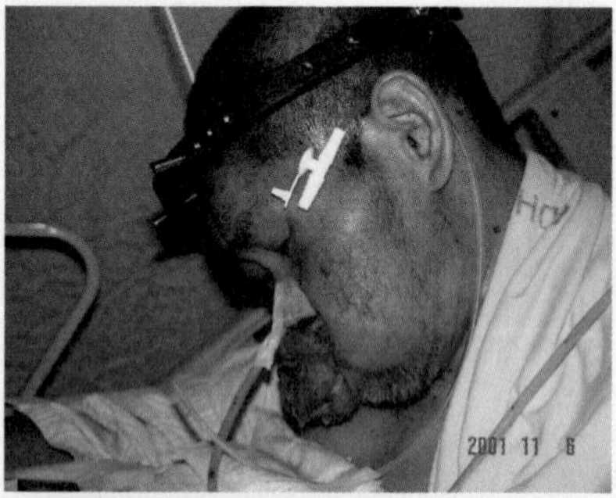

局部麻醉，頭顱牽引。

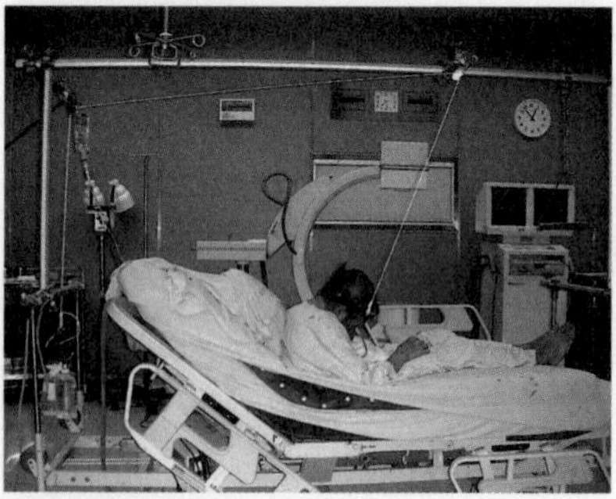
每天增重0.5公斤。

十一月十六日，在頭環牽引十二天後，謝良吉的頭變正了，原本嚴重脫位的頸椎近乎拉回原位，更棒的是，外露的舌頭也完全回復，外觀一如常人，他終於可以睜開另一眼、正常吃東西。謝良吉覺得終於有救了吧，臉上的線條變得柔和。隔天上午，簡瑞騰醫師在開刀房準備進行顱骨骨盆固定的手術，讓頭部不用再靠秤砣牽引，也為下個星期要進行的「希望工程」打下基座，只是和做牽引術一樣，不能打麻醉。

「如果能說話，該有多好！」簡瑞騰在顱骨骨盆固定手術檯前說著。

「簡主任、簡主任，我會說話了！」謝良吉聽了醫師的感嘆，試著縮了下舌頭，然後用力地發聲。

「害我嚇一跳！」簡瑞騰脫口而出，卻覺得當醫師從來就沒有感覺這麼快樂過。

手術後，從花蓮來看診的陳英和醫師利用空檔和簡瑞騰一起查房。來到謝良吉的病房，看著他活潑地說天說地，和之前在床上奄奄一息的模樣，真的很難想像。原來，他年少時還是棒球的健將呢。陳英和對阿吉伯說，骨科醫師對我們人身上的骨頭太了解，也只有簡醫師有辦法幫你做！謝良吉聽了直點頭。

老師的幾句話，讓謝良吉安心，也讓一旁的簡瑞騰受到很大的鼓勵。他常回想在花蓮學習的那段時光，多麼幸運能一次碰到兩位厲害的老師。于載九醫師是關節重建領域的十項全能，而以僵直性脊椎炎矯正手術聞名的陳英和醫師，大于醫師六屆，對簡瑞騰來說是老師，更是「師公級」的長者。當陳英和醫師決定把謝良吉交到學生手上，是經過詳細評估後的決定。曾經有同學開玩笑地說老師對簡瑞騰都沒有藏步，但簡瑞騰覺得那是彼此互動的結果，他總是把握任何可以學習、上刀的機會，愈投入、愈專注，老師自然肯放得愈多！他是花蓮慈院骨科訓練後，第一位出外成立骨科的學生。

和病人一起坐著開刀！因為謝良吉無法像一般人平躺，簡瑞騰決定第一次如此嘗試。他在研究室裡沙盤推演過好多次，謝良吉的頸椎長期受到擠壓，危及頸椎的神經和血管，顱骨頸椎融合手術的過程中將充滿變數，但想要讓謝良吉不再有生命危險，就非動不可。十一月二十一日上午，謝良吉第三次被推進開刀房，這回，終於不用再忍受疼痛。

「還好，除了右手有點酸麻以外，神經都沒有受到影響。今天要做麻醉，從鼻子插管，醒來時會有管子。」簡瑞騰說。

「可以喘氣嗎？」謝良吉擔心自己插管太久可能傷到氣管。

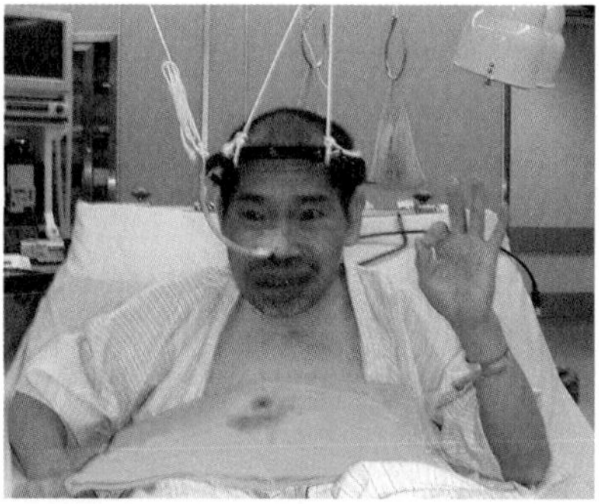

謝良吉已能睜開眼，舌頭縮回，能說話了。

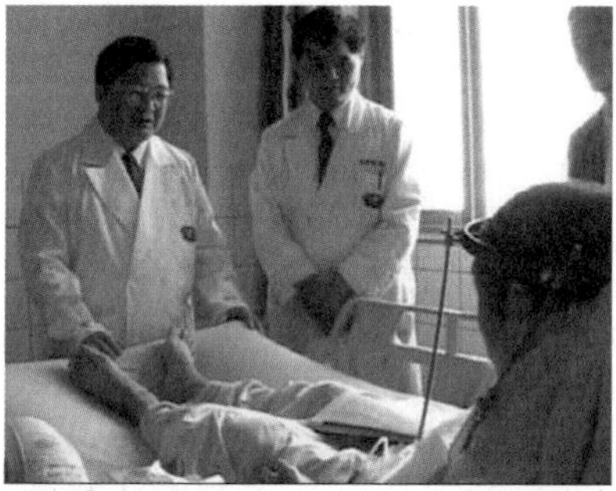

花蓮慈院陳英和院長(左)特地陪簡瑞騰醫師來看謝良吉。

「沒問題，已經檢查過你的氣管沒有問題。」簡瑞騰順口問了一句，「先把脖子處理好，想要更好嗎？」

「當然，我還在想，如果能再走路，該有多好！」像被燃起了希望，謝良吉充滿了鬥志，就像國中時準備上場搶下最後的冠軍獎盃。

「如果想要更好，還要動好幾次手術，你知道嗎？」簡瑞騰突然覺得該踩下煞車。

「簡醫師，我對你有信心！我等了三十年！」謝良吉說完沒多久，在麻藥的效力發揮中沉睡。

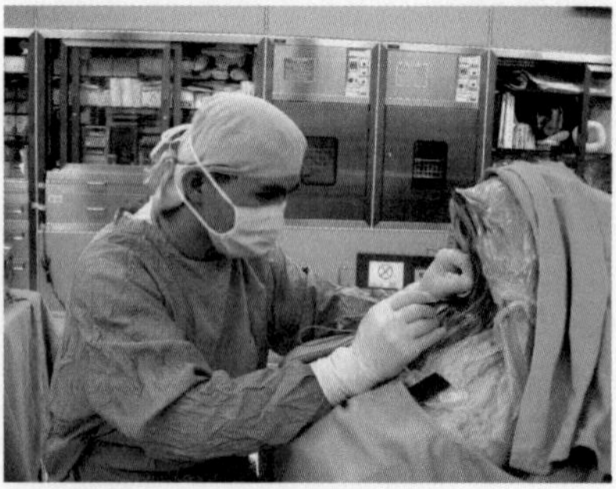

簡瑞騰和謝良吉一起坐著開刀。

認親

這是被人家放棄的病患，難度很高，但放手一搏又何嘗不可，成功了，贏得好名聲，就算不成功，家屬也不致於怪罪……，簡瑞騰的心底從接觸到謝良吉後就攪動著這樣的念頭，卻在每天相處、慢慢知道關於謝良吉這個病人的點點滴滴後，有了不同的情緒。簡瑞騰開始稱呼謝良吉「阿吉伯」，那是出自於年紀差異的尊重，也帶著對他人生路途艱困不斷的同情，以及他掙扎與悲怨的不捨，但更有幾分是來自於阿吉伯個性上那自我調侃的樂觀、幽默、堅持與義氣。

呼吸窘迫、頸椎脊髓嚴重壓迫、後頸緊繃、疼痛不堪、舌頭外露無法言語、進食與吞嚥困難，訴不盡的病情都隨著頸椎的牽引和融合手術消失了。當謝良吉能正常說話後，彷彿就此停不下來！病房的氣氛變得融洽，笑聲不斷。誰能想像眼前在病床上的這位歐吉桑，竟然曾經打過好幾次全國的棒球冠軍，坐著車在臺南市的街道上受到民眾的熱情歡呼；他還跑過遠洋漁船到過許多的國家，要不是生病了，現在說不定就是有名的棒球教練，或是事業有成的企業家。謝良吉話匣子一打開，就是有本事把大家帶到了另一個充滿想像的國度。

志工組的鶯鶯師姊每天總會固定地來到病房，一開始還得蹲在床尾配合謝良吉的視線角度，現在可輕鬆多了，陪他聊天，談生命的意義，不時帶來點心、水果。還好因為有鶯鶯師姊，讓謝良吉因為疼痛常常快要火山爆發的脾氣，獲得緩和的機會。

有天夜裡，值晚班的護理師鳳姿負責分藥。肚子餓嗎？她問。不會啦，只是覺得嘴乾，謝良吉說。口渴會想喝什麼？鳳姿放好藥又問。我喜歡喝柳丁汁，謝良吉笑了笑說。鳳姿沒再說話，推著藥車走出病房。十幾分鐘後，鳳姿送來一杯現打的冰涼柳丁汁。謝良吉覺得好感慨，自己的兒子雖然人在醫院顧，卻像是沾醬油一樣，來報到就看不到人影。

幾天後，簡瑞騰醫師來查房時正好碰到大姐從臺南來探病，帶了一盒哥哥嫁女兒的喜餅。簡醫師問，阿吉伯想吃什麼？他說，想吃巧克力，可是太硬，吃不動。在一旁的鳳姿聽到阿吉伯哀怨的口氣，拿了兩塊巧克力到護理站泡了熱水，再把變軟的巧克力拿回來。大家起鬨要阿吉伯認鳳姿作乾女兒。就這樣，謝良吉逢人就介紹鳳姿是自己的乾女兒。

擺平

下一步呢？謝良吉每天躺在床上想著，簡醫師什麼時候要再處理，那彎得像釣桿的腰是不是也該要手術了？他覺得奇怪，為什麼簡醫師都不太談這件事，擔心什麼嗎？簡瑞騰每天固定到八樓查房，看著謝良吉頸部術後的恢復情況，心裡想著，阿吉伯至少擺脫鼻胃管和抽痰機，回到急速惡化前的狀態；可以自己吃飯、看報紙，如果勉強去動腰椎的矯正手術，稍有差池就可能會危及生命，讓前面的努力都白費，能繼續活下去就算萬幸。夠了吧，不會死就好，反正他都已經忍受僵直性脊椎炎三十年了，應該到此為止吧！

「簡醫師，我想要能夠再站起來，你看有沒有辦法把我的腰椎也做一下？」

「這至少得要動好幾次大手術，才能把嚴重變形的背矯正回來！」

「那就趕快動吧，簡醫師，我相信你，開就對了！」

「阿吉伯你真的有夠堅強，但事情沒那麼簡單，手術的風險很高。」

「我把整個人都交給你，反正，上山也是一天，下山也是一天，沒關係啦，繼續開啦！」

「開不好，可能會有生命危險！」

「簡醫師，你沒開，我倒著，你如果開好了，那是我賺到了！成不成就看這次，我讓你當試驗品，真的沒關係。」

聽著謝良吉的請求與鼓勵，簡瑞騰乾笑著說不出半個字來。退出了病房，他的臉色沉了下來，他想著，天呀，現在是什麼情況，阿吉伯看出我的猶豫和不安嗎？竟然反過來安慰我。

走出了醫療大樓，兒科診間外的兒童遊戲區裡有媽媽帶著小孩玩著溜滑梯，一旁穿堂裡有家屬推著病人曬太陽。擁著滿腔熱血的簡瑞騰回到大林後戒慎恐懼地看每一天的門診、開著每一臺刀，年輕氣盛的他就是想要好好有一番作為，阿吉伯像天公伯用快遞送來的禮物，都已經收下了，不是嗎？隔天，他一如往常來查房，然後對著謝良吉點點頭。

十二月初，謝良吉因為長期臥床而導致併發肺炎，讓簡瑞騰陷入是否提前動刀的內心交戰。他擔心如果將手術延後，是否會因為併發症太嚴重而無法動刀，如此阿吉伯想要昂首闊步的夢想將會落空。趕快做吧！正在發燒的謝良吉用微弱的聲音說著，簡醫師加油，別前功盡棄呀！

「……無情的太陽／可恨的沙漠／迫阮滿身的汗流甲濕糊糊／拖

著沉重的腳步／要走千里路途／阮為何／為何淪落江湖／為何命這薄……」

兩天後，簡瑞騰決定提前為謝良吉做第一次的腰椎切骨矯正術。開刀房裡播放著謝良吉最喜歡聽的「苦海女神龍」。因為謝良吉必須側躺才能動刀，簡瑞騰再一次嘗試未曾有過的開刀姿勢。他在手術開始後到完成的四個小時內，跟著側彎身體進行手術，完成後，整個上身僵硬酸痛，但手術的成果讓人振奮。

簡瑞騰告訴阿吉伯，這種手術需要他完全地配合，手術房的成功只是第一步，因為把骨頭切開後，並沒有馬上固定，而是要靠他慢慢地倒、慢慢地躺的過程中，讓彎曲的骨頭逐漸變平。

聽起來簡單，其實，在謝良吉倒下與變

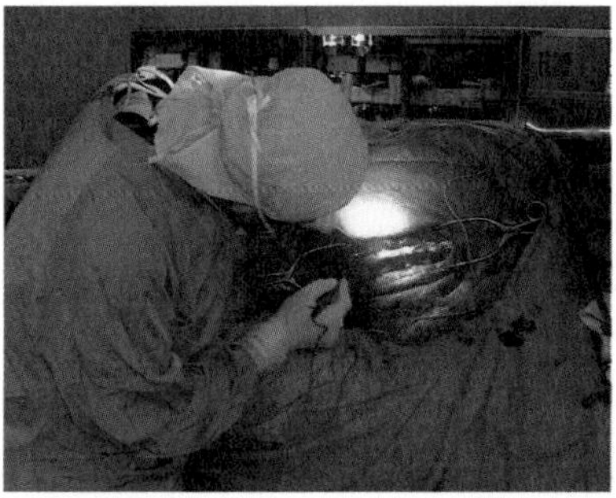

側身歪頭開腰椎。

平的過程中，龍骨會開始移位，那將產生劇烈的痠，以及疼痛，而痠的感受比起痛，更加讓人難以忍受。謝良吉在術後忍受著復健中反覆不斷的身、心折騰。那可比手術更多過數百倍的煎熬，但是他說，痛是暫時的，忍耐過來就是我的！

還有一個臉笑起來就會紅，阿吉伯幫她取綽號叫「蘋果」。

平常很照顧阿吉伯的護理人員，在公布欄放了一張和白馬合照的影像，阿吉伯幫忙取綽號叫「白馬」。

復健

「來去後花園賞花！」謝良吉二話不說地答應簡醫師去外面透透氣的邀約，並發揮他獨特的幽默感。從臺南搭著救護車來到大林慈濟後的三個月內，度過平安夜生日的謝良吉進出開刀房八次，尤其，術後漫長的復健與隨之而來的痛楚，充滿艱辛與變數。但在搶時效進行腰椎手術後的兩個月，積極復健的謝良吉在大家的鼓勵聲中，以挺直的腰桿，從病床邊緣站了起身，那是從三十多歲以後就未曾看過的角度，望著窗戶外有洗石子的大樓，再遠一點就是綠色的稻田。

在醫院後面的穿堂繞了一圈，簡瑞騰推著輪椅再穿越大廳來到前面的廣場，阿吉伯的好心情都寫在臉上，這可是醫師親自推輪椅呢。

他們後來又穿越馬路來到醫院對面的小吃店。

「想要喝什麼，我請客。」簡瑞騰難得豪邁地說。

「感恩啦，我想要喝西瓜汁。」阿吉伯眉開眼笑地。

「沒問題，請老闆馬上做。」簡瑞騰轉身和老闆交代。

「來大林親像在過十八銅人陣，好加在有撐過來。以前，我不敢想是否有明天，現在躺在床上時，我會想著未來要怎麼樣。」謝良吉說。

原來，西瓜汁是阿吉伯的最愛，來醫院時連口水都吞不進去地一直滴，現在卻是滿心西瓜汁的清涼愜意。

在病房的電梯前等待時，簡

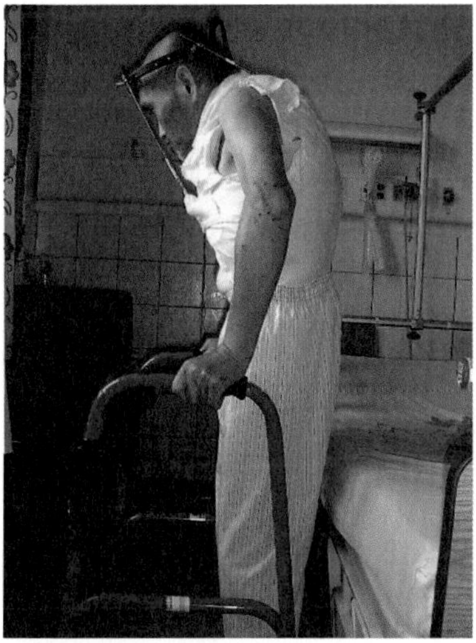

謝良吉術後首次站起。

瑞騰說，你真正是勇伯！忍受痛苦的毅力沒人能比。阿吉伯說，是簡醫師救了我的命。簡瑞騰搖搖頭說：「**我給了你氧氣，但是你給了我勇氣！**」

有進步喔，恭喜你要回家了，「乾女兒」鳳姿說。對呀，五十歲了，重新學走路，阿吉伯說。他有鳳姿陪著在病房裡用助行器練習走路，心情特別愉快。不過，大家商量的結果，要讓阿吉伯先住在醫院旁的安養院，這樣方便照顧與復健。

為了讓阿吉伯趕快學會翻身，簡瑞騰醫師請復健科的物理治療師明倫到病房來幫忙。他扶著阿吉伯屈起右大腿，左手抓著他的右手。「出力喔！」阿吉伯咬著牙奮力地往床的左邊翻身，一次又一次地不喊累。慢慢地，阿吉伯可以到復健科的治療室，明倫讓他雙手扶著走，因為要使出很大的力氣，旁邊需要有人扶著。但從手術後不過短短地三個禮拜，謝良吉從臥床到下床，站起身、拿著拐杖走路，展現出的意志讓大家印象深刻。阿吉伯每次都要走到雙腳發抖、沒力了，才願意休息，靠著自己的雙腳走路，是他最大的目標。

其實，想要用自己的雙腳走路，謝良吉心裡面藏著一個願望。當他住進大林接受治療，那時舌頭還沒有縮進嘴裡，從花蓮行腳到大林的證嚴上人，特別到病房去看他。隨著治療慢慢產生效果，謝良吉也許了一個願。當有天能走路時，一定要回花蓮靜思精舍去拜見上人。

雖然復健時每跨出一步，就會覺得很累、很喘，但心裡面卻很高興。明倫原本以為阿吉伯至少要一週以上的復健才能站上平衡器，想不到幾天就完成。謝良吉在腳上綁三公斤的沙包，一口氣走到四樓半，下來後再走一百公尺，休息一下再回病房。每當復健科有病人覺得失志、不想做復健時，明倫就會找阿吉伯去勸勸病人。

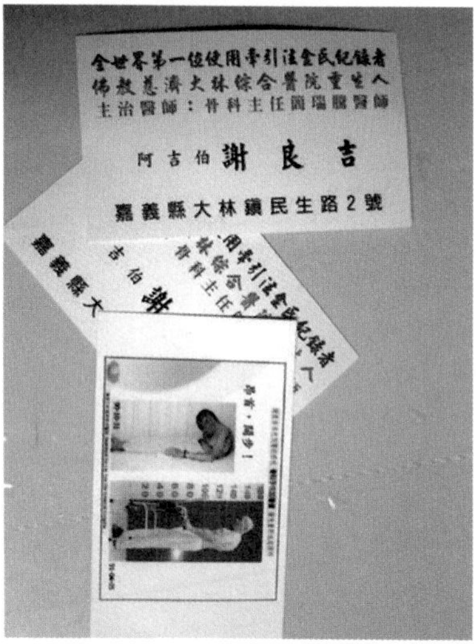

謝良吉自製名片。

謝良吉怎麼也想不到自己還有能力去勸人家，復健科的經驗給他很大的信心後，他問簡醫師能否給他治療過程的記錄。後來，他拿著一本A3尺寸的簡報本，裡面圖文並茂的記錄他接受治療的過程，震撼的病體與治療畫面，搭配謝良吉的幽默，宣傳的效果出奇地好。他還自己印名片，正面寫著：「全世界第一位使用牽引法金氏世界紀錄者，佛教慈濟大林醫院重生人阿吉伯，謝良吉」，並且加上簡瑞騰醫師的姓名，從此，好多人拿著名片指名要掛簡醫師的診。簡瑞騰對於這個原本讓人瞠目結舌的病人，竟然自願製作宣傳品，還在醫院四處宣傳，真覺得難以思議會有這樣的轉變，他覺得，阿吉伯好像才是自己的貴人！

很快地，謝良吉成為最受歡迎的見證者！「要忍耐，成功才是你的！」謝良吉寫了張卡片，給一位做復健時總是哀嚎的大、小聲的病人：「有心要進來這邊，就有那份心要走出去！」還有位坐輪椅的年輕人，沒幾天就想要跑掉，卻被阿吉伯在治療室外面碰到。「怎麼沒進去，做復健是對你好，否則以後不能走的是你自己！」阿吉伯苦口婆心地勸說。經過一段時間後，這名年輕人已經可以自己走進治療室做復健。

在病房裡，蕙君拜託阿吉伯去安慰一位手術後的病人，他整天擔心著出院後會沒工作。阿吉伯到病房去和他聊天。

「身體先顧好，什麼都能做！那我拿張椅子給你，看你能不能坐？」

「我沒辦法。」

「這就對了，真的不用急。」

「但是我覺得前途黑暗，很想去死！」

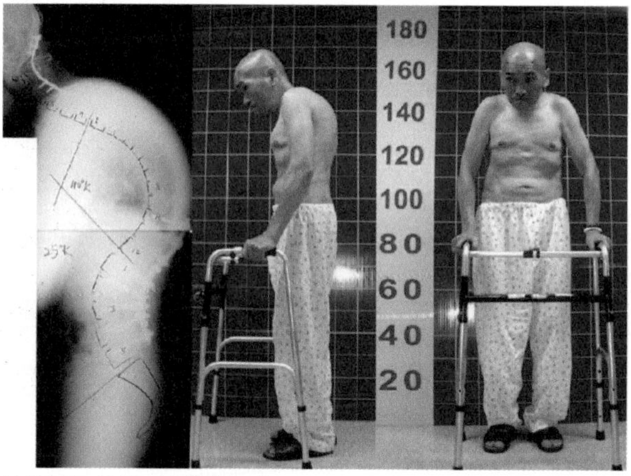

抬頭挺胸昂首闊步的謝良吉。

「連螞蟻都想活下去，何況是人，放輕鬆，好好靜養才重要。」

翌年的二月一日，窗外的氣溫驟降，卻更添幾分將過年的氣氛。阿吉伯在大家為他舉辦的慶生會上，放聲大哭，原本像是折成兩半的身體，現在駝背變形的彎曲只僅剩十五度。抓著助行器走得緩慢，但那可是靠著自己的力量。吹熄蠟燭，切下象徵重生的蛋糕與大家分享，阿吉伯正要邁向另一個努力復健的階段。

「許什麼願？」簡醫師問。

「感謝佛祖保佑！」阿吉伯笑咪咪地。

「再來呢？」簡醫師接著問。

阿吉伯在出院慶生會切蛋糕，左起：林俊龍院長、簡瑞騰醫師、蔡明倫物理治療師、謝良吉、兒子、賴蕙君護理長、乾女兒鳳姿。

「希望自己能夠重新站起來！」阿吉伯握緊雙拳。

「那第三個願望呢？」鶯鶯師姊和幾位常到病房陪伴的志工也來加入。

「希望大家多幫忙宣傳介紹更多人來醫院，可以救更多人！」阿吉伯想了想，眼睛泛著淚光。生病很苦，沒辦法好好治療的折騰更難忍受。

慶生會後，阿吉伯住進中林里的一家安養院，離醫院只要十分鐘車程，雖然不習慣那裡的規律作息，以及叫人幫忙得要等上好一會兒，但能夠每天到醫院和明倫報到做復健，還可以上八樓病房和乾女兒、熟稔的護理人員開開玩笑，然後，到志工組看看鶯鶯師姊，扮演一下志工的角色和意志消沉的病人聊聊天，阿吉伯覺得很滿意這樣的生活，關於臺南、兒子都暫時拋在腦後。

志向

「新年快樂，阿吉伯，這個紅包給你過好年！」簡醫師在大年初一帶著太太、兩個女兒出現在安養院的病床前，他把紅包放到阿吉伯的手上，還有一盒水果，以及簡醫師母親煎好沒多久的蘿蔔糕。阿吉伯從床上坐起身，聞著盒裡散發出的香氣，高興地和簡醫師說新年快樂。看著簡醫師一手抱著小女兒，另一手牽著的是大女兒，那曾經在病房被自己怪模樣嚇哭的小朋友。才住進安養院沒幾天的阿吉伯想都沒想過，簡醫師竟然真的履行兩人在醫院的約定，不僅過年來，還給了紅包，那時他真的以為是簡醫師為了要鼓勵自己隨口說的而已。

母親說，阿吉伯是艱苦人，一定要去安養院看看，給他一個紅包歡喜過年吧。簡醫師在回家的路上，腦袋中一直被擔憂佔據著，大過年的，卻高興不起來。就像媽媽說的，阿吉伯是艱苦人，家庭的支持系統很薄弱，好不容易身體恢復了，但是，如果安養院的照顧不仔細，後果很難想像。

回到醫院，停好車，簡醫師走進宿舍這個暫時的家，大門口掛著一幅畫作，紅磚黑瓦的三合院與街道，恰似老家三角里的田園風光，畫旁是珍藏多年的小型簑衣吊飾；客廳旁的書架上除了厚重的醫學書籍，還有許多記錄臺灣歷史的套書、小說，以及日治時代臺灣地圖、原住民工藝品。每當看到畫、重溫過往的隻字片語，都再次提醒自己從哪裡來，要往哪裡去，做人不能忘本。

簡瑞騰能夠體會阿吉伯的苦，就想要多幫助他一些，醫師過年還要給病人紅包，也就不足為奇，因為，自己也是靠著父母親胼手胝足的勞動才有今天的成績，這一路走來並不輕鬆，所以他並不期待在「功成名就」後，要高高在上過著如許多醫師一樣的豐饒、有品味的生活。

三十多年前，當時還在讀國小的簡瑞騰在三點半起床，如冰的空氣讓人不禁打哆嗦，插上電鍋的插頭，他提著鐵桶往透著黃色燈光的雞舍走去，嘴裡吐出白茫茫的熱氣。每天到學校前的工作就是捲起袖子清洗雞兒們啄食、喝水的水槽。一共有六座雞舍，每座有一道長五十公尺的水槽，每一道都得來回清洗兩次。冰冷的水接觸久了也就失去感覺，簡瑞騰想到父、母工作的身影，還有哥哥、姐姐也一同分擔，學會不去多想。這樣早起的習慣維持到現在當醫師了還是一樣三點半起床，他把多出來的時間寫病歷、尋找參考文獻、研究手術過程。然後在六點左右回家叫小孩起床，吃過早餐後再回醫院開會、看診或開刀。

下午放學回家，簡瑞騰得先幫忙做農事，每個週末、假日要清理雞舍，每隔一至兩個月則要幫忙抓住雞讓父親打預防針，就這樣常常連寒、暑假作業都沒寫，但維持第一名的好成績，讓老師選擇視而不見。

過年到安養院給阿吉伯紅包，要不是母親的提醒，簡瑞騰說不定會忘記呢。以前國小同學都有削鉛筆機可用，他則是把鉛筆用到不能再寫時候才丟掉。至於書包裡的鉛筆盒，通常是撿來的。高中時，他一個人到臺北讀建國中學，住在和平西路只有兩個榻榻米大的出租房，九百元租金讓日子更加拮据，但簡瑞騰自有辦法。當同學下課後都在打球時，嫌浪費時間的他在空蕩蕩的教室裡撿拾垃圾桶中的玻璃可樂瓶。他還會向同學推銷英文書報，自己優異的英文程度成為最具說服力的賣點。只是，自卑的心理曾經把父親的職業欄從自耕農改成農牧場主任。

簡瑞騰從小要幫忙做農事，圖為在曬雞屎肥。

簡瑞騰讓人難以想像的節省模式，在大學時代更加發揚光大！和女朋友約會時只爬山，這樣可以省下車錢；他擔任北醫中醫社社長，這樣每年冬季都可以進補；他撿拾吳興街一帶被丟棄的床、梳妝鏡、桌椅和櫃子，修復後不僅送給女朋友，也接受同學下訂單；他與幾位窮同學分租即將改建的老舊眷村，並幫大家煮飯；最經典的大概是他以要餵實驗室的老鼠為藉口，去向學校對門的麵包店老闆騙來做完三明治後剩下的土司邊，每次一大袋，最後，小老鼠沒吃到，全進了「大老鼠」的肚子裡。「不要大賺大花，好天要積雨來糧！」父親總是掛在嘴裡的話，讓簡瑞騰從小就牢記在心，變成奉行不渝的原則。

但真正讓簡瑞騰感到揪心，並堅定當醫師的志向，是讀建中時，陪著父親看診的經驗。那時，父親因為骨髓炎住院好幾次，有一回竟然是傷口中還遺留著紗布。那天，父親拐著酸痛的腳到臺北找簡瑞騰，然後一起搭車到醫院。因為掛的號比較後面，簡醫師拜託護士能否讓父親先看，不然回到大林都已經半夜了。後來，醫師先讓父親看診，但是一天奔波下來只換來一些止痛、消炎與胃藥。簡瑞騰當下就鐵了心，發願一定要考上醫學院。

還有一次，當簡瑞騰如願就讀醫學院後，母親在鄉下發生車禍，造成右膝十字韌帶斷裂，因為在南部的治療沒有起色，不得不來臺北的大醫院，卻讓簡瑞騰看到醫院規模愈大，能給病患的時間卻愈少。他決定要更努力的讀書，以後當醫生時，絕對不會輕易地打發病患，他更期盼著有朝一日，家鄉附近能有一家大醫院，讓鄉親不必再南北奔波。

進修

在復健科治療師明倫的細心指導下，阿吉伯每天從走路開始，然後是練習抬腿、訓練手力、平衡。已經能一口氣爬上四樓的阿吉伯，有天他用助行器走上兩公里的路，只是中途有稍微休息喘了一下，阿吉伯覺得自己不及格。

沒多久，他在院區裡幸運地遇到行腳到慈院的證嚴上人，他像個孩子似的努力站起身討上人的歡喜，也讓他覺得更有動力要好好復健。

來大林慈院急救前一年，阿吉伯因為中風住進臺南住安養院，他努力地復健想要重回正常的人生。現在的他變得更積極，但不知道為什麼就是無法再多進步些，他自問，難道是太急著要好？開始覺得腳怪怪的，好像變得比較沒力氣。在治療室裡只做些牽引的動作。

八月間的一個早晨，阿吉伯躺在床上覺得沒力氣，一直冒汗，他按了幾次床頭鈴，卻不見有人過來。他索性掙扎著起身，慢慢下床後坐進輪椅，吃力地來到走廊上，安養院的司機看到了問，怎麼身上都濕濕的？就帶著阿吉伯回房間換衣服，再開車到大林慈院。

因為僵直性脊椎炎反覆地發作，阿吉伯再度住進醫院。幾天後等待辦理出院時，阿吉伯幻想著樓上正在辦著喪事，緊張地不知該如何時，因為胃痛而驚醒過來。簡醫師跑來懷疑是腸胃問題，後來安排腸胃科醫師做胃鏡，發現是胃穿孔。

後來又住了幾天，阿吉伯常在睡夢中發現自己在屠宰場，有很多冰床，就像菜市場一樣，簡醫師從他身邊經過，躺在冰床上的阿吉伯試著要叫他，卻叫不出聲音來。

終於要出院的那一天，阿吉伯突然哭了起來，他覺得，自己怎麼這麼多問題，復健還沒有什麼成效，這次出院，不知道什麼時候還能再回來。那時候的阿吉伯很容易陷入幻想的情況，就是沒辦法控制不要去想一些事，也許，是自顧地吃了太多的止痛藥，不只吃到胃大量出血，連心裡都變得不平靜。

半年後，簡瑞騰決定到美國科羅拉多醫學院及附設醫院進修一年，卻讓阿吉伯陷入莫名的哀愁裡，但他還是用幽默的態度去面對，不然怎麼讓簡醫師能安心地去深造呢？

「我先生去美國，不知道會不會忘記我們？」翁瑩蕙說得嚴重，但臉上卻沒有擔憂的表情。要出國前，簡瑞騰帶著家人來到安養院。

「不可能的！如果這樣，回來可以打他屁股。」謝良吉幫忙說話。簡醫師在一旁笑得合不攏嘴。

「開完刀那麼久了，都不會好，好想放棄，僵直性脊椎炎發作起來，比死還難過！」阿吉伯收起了笑容。

「一定要堅強些，不要放棄！」簡醫師說。

「那過年的時候，請他從美國回來看阿吉伯，然後再回去美國。」翁瑩蕙想讓阿吉伯覺得開心些。

簡醫師雙手握起阿吉伯的手，大力地握著。他說，自己的信心和勇氣比什麼都好用，如果自己放棄，就算吃了所有的藥，也會喊痠、喊痛、喊無力。阿吉伯給了簡醫師自己會努力做到的笑容。簡醫師心想。多麼希望阿吉伯能夠突然又好起來，就像舌頭突然伸進去，讓他嚇一跳！

也許，眾人看到的是簡醫師如何讓阿吉伯起死回生的不可思議！但簡醫師自己看到的卻是自己的不足，原本以為具備一身好功夫要大顯身手，但實際上卻不盡然如此。他想過，為什麼不能發明一種可以燙脊椎的熨斗？電插下去就可以燙平。為什麼總要先把腰椎骨切斷，再讓患者用平躺的躺到平？那種痠痛比痛還無法忍受。阿吉伯在病房裡的哀鳴，那怕自己已經離開大樓回到家，彷彿都仍然在耳際迴盪。
終於啟程往美國飛去，行李中帶了好多臺灣的食物、泡麵，還有證嚴上人的著作。最割捨不下的當然是家人，尤其是還小的兩個女兒。但是甘願忍受一年的辛苦與寂寞，簡醫師知道，現在挽救了阿吉伯的生命，但以後一定還會遇到其它棘手的問題，為了追求更純熟的技術，給病患更好的生活品質，他說服自己這一切都是值得付出的。就像阿吉伯想要走回精舍一圓心願，而簡醫師想要努力的動力來源，正是阿吉伯的鼓勵。
一年後，進入梅雨季的臺灣，天氣時雨時晴的讓人捉摸不定。簡醫師完成在美國的修業，抱著興奮的心情來到安養院想和阿吉伯分享。只是才踏進屋裡，卻發現阿吉伯躺在房間最裡面的陰暗角落，就算是晴天也照不到陽光的地方，面無表情的阿吉伯，就像個活著的死人。身體看起來變得好虛弱，和他問候時也是有氣無力地，好像懶得多說一句話。

簡醫師懷疑自己到底做對了什麼，除了醫治阿吉伯的身體，又真正幫助了他什麼呢？「我真的救了阿吉伯嗎？」

阿吉伯住大林慈院時，正好碰上中秋節。在醫院的穿堂中，阿吉伯和明月師姊跳土風舞，推著輪椅的則是阿姐鴦鴦師姊。明月師姊還幫他戴上柚子皮，整晚都是柚子的香味。

第三章

大林的姊姊

開展

當謝良吉被送來大林慈濟醫院急診室的那個冬夜，極力隱藏內心震撼的簡瑞騰醫師，不敢預料眼前在推床上的病人……下一秒會發生什麼意外；而謝良吉自己則抱著死馬當活馬醫的沮喪心情，用僅能睜開的左眼緊盯著眼前顯得無措的年輕醫師；但八年後的這一刻，謝良吉在挑高三層樓的醫院大廳裡為自己的畫展剪綵，他的左手邊有院長簡守信，右邊則是他視為貴人的簡瑞騰醫師。

同時有兩位很厲害的醫師陪伴，謝良吉從臺南到大林這一路上累積的緊張，消失於無形。他發福的臉上笑意不斷，像尊彌勒佛似的。

當年在八樓病房甘苦共享的護理同仁一一現身，大家鼓勵謝良吉拿起麥克風清唱「愛拚才會贏」，他還幫簡醫師畫肖像。大廳展出的四、五十幅畫作每件都是伍佰圓，義賣所得要捐給慈濟去做好事。

站在一旁靜靜地看著畫展開幕，陳鶯鶯的心覺得很滿足、很歡喜！原來，人生所遭遇的苦難都轉化成雨過天晴的養分，只是這代價真的好大，她在高興之餘，也為這個受盡病苦折騰的「弟弟」心疼。

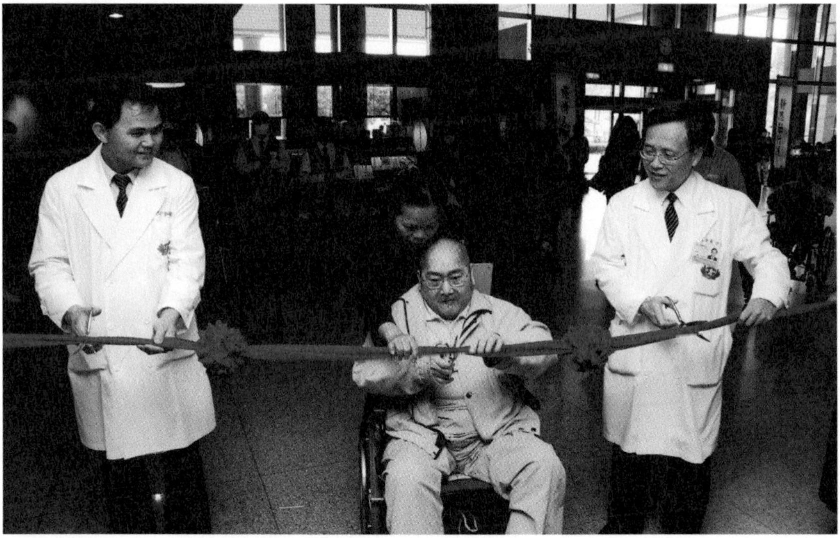

簡守信院長(右)與簡瑞騰醫師(左)為謝良吉的畫展剪綵。

回想第一次看到良吉，輸送阿姨推著他從急診轉上八樓病房，當時她正好在那關懷病人，看著良吉臉壓在胸前，舌頭掉出來，嘴巴裡還有一堆亮亮的像凡士林的東西，當下的她覺得這應該是自殺的個案。

就算自己是護理專科學校畢業、歷經過喪親的痛楚，還有多年參與慈濟志工的經驗，陳鶯鶯依然震驚於眼前的景象。下一秒閃過腦海的只有一個念頭：「要趕快去陪伴他！」

因為聽到有人說師父喜歡蓮花，所以就畫了很多，但是除了花以外，阿吉伯又加上鯉魚，這樣比較有活力，不然會很死板。

畫蓮花也讓自己的心很清淨，有睡蓮、荷花，他會適度的分配，包括花的種類和顏色，可以有很多不同的構圖和感覺，欣賞起來比較有變化。

膚慰

陳鶯鶯到大林慈院志工組服務時，剛過半百，比起謝良吉來醫院治療早了幾個月。

轉眼間，她已邁入耳順之年，小兒子也已經當完兵在工作。一百五十公分出頭的她穿著藍色連身的志工服，套著志工背心，梳理整齊的烏黑髮絲延伸至頭後並繫上深藍色的髮髻，鼻梁上金色細框的眼鏡，在鏡腳兩端連著藍、白、粉紅小珠子相間串成的眼鏡鍊、是一位長期陪伴的病人因發現她常常找不到眼鏡而特選鮮艷閃亮的珠珠串好送她的。陳鶯鶯吐露的每句話有溫暖的笑意相伴，話語中帶著安定的氣息，再有脾氣的病人都會忘卻煩惱，陪病家屬焦躁不安的情緒總能得到紓解的出口。很快地，她那自在從容與隨時恰到好處的關懷，像股和風吹撫，讓一同在醫院服務的志工也能得到安慰。

大家看到鶯鶯師姑就像看到救星來了，其實，信手拈來的好觀念和說話的技巧，除了過去工作經驗的累積，喜歡看小說的習慣也讓陳鶯鶯受用無窮，在病房裡總是很快融入個案的情境中，更能接納不同的情緒。不過，每晚一定要躺在床上看書才睡得著的習慣，也在加入常住志工之後改掉，團體的生活中總不能因自己的習氣造成別人的困擾。

「你們對我這麼好，不知道要怎麼來報答？」阿嬤臉上堅毅的線條中綻放出羞澀的弧線。

「一家人嘛，你就像我們的媽媽一樣呀！」陳鶯鶯知道老人家不想帶給別人麻煩的心思，趕緊安慰著。

「……」阿嬤張著嘴，又順著低下的頭闔上，發出一聲低沈的嘆息，終究說不出話來。

「阿嬤好慈祥，我們都很喜歡和你聊天，也可以偷偷懶、休息一下。」陳鶯鶯安慰著阿嬤為著女兒無法前來照顧的感嘆。

幾個星期前，在大埔鄉獨居的阿嬤還在猶豫著是否要開刀矯正外翻的腳板，撫平四十年無法好好穿鞋、走路的遺憾。只是，兩個嫁出去的女兒表明既然家產是給兒子，照顧媽媽自然是兒子的責任；但回頭看到外地謀生的兒子已經肝硬化，雖然孫子也已長大成人，但工作不穩定，根本無暇幫助家裡，只能靠媳婦做工來維持家計。這刀一旦開下去，哪有人可以照顧呢？

小病用忍的，大病只好用滾的！這是靠山生活的艱苦寫照，就算有了全民健保，看到對外彎曲綿延的山路，也只能祈禱最好別生病。阿嬤年輕時種竹、挖筍、晒筍干，總是挑著上百斤的重擔在崎嶇難行的山路上健步如飛；但是有一次不小心扭到腳，她痛到幾乎無法走動。把口水吐在掌心在腳踝揉了又揉，忍著直擊心扉的刺痛一拐一拐地拖著身體回家。薑母切片沾米酒，卻是愈揉愈覺得腫，後來，鄰居拿來一些草藥敷腳，阿嬤隔天忍著痛依舊上山工作。

怕痛的阿嬤發現把腳板往外翻，走起路來就沒那麼痛，就這樣日日月月、一分一毫地累積，阿嬤發現再也穿不下工作必備的雨鞋，沒法上山的她只好去有錢人家幫傭。用腳背走路，忍受別人異樣眼光一輩子的阿嬤，終於盼得慈濟人醫會前來義診的一線曙光。

乾眼症、風濕免疫問題，還有用腳背走路造成的傷口，那天義診的賴寧生醫師鼓勵阿嬤一定要住院檢查。只是來到大林慈濟住院後，家裡照顧的問題才開始浮現。前來探望的孫子向社工表明沒錢請看護，也沒人可到醫院照顧阿嬤。

看著住院的阿嬤毫無歡喜的心情，反而是眉頭愈結愈深，陳鶯鶯有時間就帶水果、點心去陪她。有天挑了一個特大號的釋迦送來病房，阿嬤終於露出難見的笑容，把釋迦像寶貝一樣的捧在手裡，她說，從沒看過這麼大的釋迦！

也許是感受到醫療團隊和志工把阿嬤當一家人的照顧，有天，阿嬤的兒子對陳鶯鶯說，「媽媽只有我一個兒子，應該由我奉養，但是我生病後常需要住院，連家裡都顧不好……。但是很感恩這段期間有大家幫忙照顧媽媽，也許，我可以白天來照顧，晚上是否幫忙請一般看護？」

看著他因為生病而黃黑的臉色和大大的肚子，陳鶯鶯覺得心疼。幾天後，阿嬤接受簡瑞騰醫師的矯正手術，腳的外型正常了，終於有機會用腳底走路。阿嬤出院後，讓兒子接回水上照顧，陳鶯鶯為阿嬤感到高興，不必一個人回山上孤獨的生活。每次回診時，她總要準備一些薏仁粉、五穀粉、水果，不僅阿嬤，也希望幫兒子的身體補充些營養。

有一天，陳鶯鶯看到是阿嬤的媳婦陪著來回診，心裡才覺得奇怪，阿嬤的嘴角開始抖動，眼睛紅紅的，卻哭不出眼淚來。

「阿嬤怎麼了？」陳鶯鶯拉著阿嬤的手，問著媳婦。

「我先生過世了，昨天才辦完後事，今天是向弟弟借車送媽媽來，看完後要趕回去處理事情。」媳婦淡定地說著。

「上次我回診的隔天就送醫院了，哪知道一去就沒法回來了，才四十六歲而已！」阿嬤哽咽著。

陳鶯鶯撫著阿嬤的背，回想起那段照顧另一半的揪心歷程，她柔緩地說：「妳瘦了好多，兒子是你心頭的一塊肉，我知道妳很不捨。我先生過世時也是四十六歲而已，那時我兒子才七歲，我婆婆傷心得不能吃、不能睡，她也是肝癌的病人，好擔心她會受不了；還好，我婆婆皈依的師父勸她：『兒子也不願意先走啊！但是壽命盡了，也由不得他，現在他一定想跟你說，我沒辦法奉養妳，已經是大不孝了，如果你過於傷心而使身體不好，那罪就更大了，所以想兒子時，就念佛祝福他，他才不會受罪。』」阿嬤專心地聽著，也逐漸平靜些，陳鶯鶯為她戴上一串佛珠，教她念佛祝福兒子要輕安自在。

送阿嬤上車，陳鶯鶯看著她會動的手，突然覺得心裡好酸。好不容易才和家人住在一起，卻又承受喪子的悲痛。認識阿嬤以後，從沒聽她抱怨過孩子，總說是做父母的沒能力，才讓孩子過苦日子，現在大家的日子都不好過，等到腳好了，就要自己過日子。記得阿嬤開刀後的傷口還沒痊癒，她自己用塑膠紙和膠帶糊了一隻淡黃色的「鞋」，底部還用包水果的海綿墊著，這樣又軟又有防濕的效果，原來，阿嬤自有一套面對困苦的哲學——窮則變，變則通！

陳鶯鶯發現，當醫療志工陪伴病人和家屬沒有終止的那天，就算病人康復出院了，也許問題才會真正浮現，並且考驗著處理的智慧。

羅患癌症的光明（化名），當同時期治療而情如一家人的病友陸續過世，他卻幸運地恢復健康與重回工作。同事都開玩笑說他是「碩果僅存」。但能夠度過癌症治療的惡劣心情，都得靠他心目中「垃圾桶」的幫忙。

原來，陳鶯鶯到病房關懷光明時，從不會對他說教，雖然光明有時聽不懂她說的道理，但事後想想，陳鶯鶯不僅懂他，還能用相對的立場幫忙分析，關照全局，真是佩服地五體投地！

有天，光明特地開車到醫院，和陳鶯鶯無話不談的他說，現在對於和另一半的關係毫無安全感，到底該怎麼走過去？陳鶯鶯想著過去在癌症治療中這對夫妻相互扶持的景象，也難免感慨，但她告訴光明說，你現在心境上會嫉妒，或許真有不能容忍的事情發生，但想想，如果當初你就走了，也不會有眼前的煩惱。光明點點頭，嘆著難道活下來是錯的？陳鶯鶯說，我當時會特別陪伴你，其實是因為被你太太所感動，記得那次你因為直腸腫瘤復發開刀，她獨自在開刀房旁的佛堂裡不斷地跪拜禮佛、至心虔誠為你祈福。

也許人總是有情緣到終點的時刻，如果轉念變成法親也很好。光明說，我就知道你會講這些，但我就是想聽你講。

每天清晨，陳鶯鶯睜開眼，聽著一旁田野傳來的鳥叫雞鳴，偶而交會著狗的叫聲，心裡覺得能再次醒來，又是新的生命開始，怎能不說感恩。一邊梳洗，也把這一天想要探視關懷的病人想了一遍，該準備哪些水果、試著在陪伴時鼓勵些什麼……。

提著藍色的布包，從宿舍走向醫療大樓，遇到同仁大聲的喊著師姑早安，她總回報滿滿的笑容。回顧過去的人生，就像是突然轉動方向盤，有了一百八十度的大迴轉。

種子

陳鶯鶯在就讀護理專科畢業後一年半，個性爽朗、果決的她就決定與相戀三年，能託付終身的人步入婚姻。在一家公司擔任營養食品行銷，在臺北出生、成長的她，本來就善於察言觀色、好口才，工作後有許多磨練的機會，很快能展現能力並獲得上司的重用，在同事間也因為樂於助人而有好人緣。婚後養兒育女、工作得意，也養成她花錢大方、隨心所欲的習慣。只是十多年前，先生竟然檢查出罹患癌症，擁有護理專業的陳鶯鶯毅然決定辭職，全心全力地照顧先生。

另一半在她悉心的照顧下，病情穩定。有天，兩個人一如往常的聊著，關於生病的苦，生命的價值究竟何在？最後，他們共同許下願望，如果先生的身體好轉，願以過來人的身分分享經歷，幫助他人。無常難料，先生終究熬不過癌症而往生。

「鶯鶯媽媽，我好想您啊！」十歲的婉君一看到陳鶯鶯，從簡易教室跑出來抱住她撒嬌。其他同學也跟著圍在身邊喊著媽媽。

「對呀，媽媽來看你們，也看看學校有沒有需要幫忙的地方呀！」陳鶯鶯回應著學生的熱情。「對了，你們要不要也來當一位可以幫助人的人呢？」

「要！我要、我要！」大家異口同聲地用力回答著。

位於南投縣中寮鄉的至誠國小是所迷你的學校，六個年級只有五十位學生，陳鶯鶯這天陪著教師聯誼會的志工一起來到舉辦活動。二年八班包括婉君在內，只有八位學生。在「九二一」肆虐中，至誠國小幾近全毀，唯一屹立不搖的是在操場司令臺旁幾公尺遠的廚房。學校在災後把二樓的餐廳充當電腦教室，司令臺前的帆布帳篷就成為老師和學生們共進營養午餐的地方。如果有學生吃飯時講話，可是會被老師請到司令臺上去吃飯。

當先生病逝後，陳鶯鶯的心像被重擊般難以平復，但個性堅毅的她依然維持正常的生活、照顧小孩；另一方面，她開始投入慈濟志工的隊伍，並且承擔委員組長的責任，訪視、勸募，哪裡有需要，就盡量地去承擔。就在九二一地震發生後，住在臺中大甲的她積極投入救災與受創學校重建的「希望工程」援建計畫，曾經深受慈濟精神感動的老師參與志工培訓而受證委員，後來到醫院當醫療志工時又遇到了陳鶯鶯，真覺得這份因緣很難得。

而在慈濟基金會協助興建完成新的校園前，志工們定期到學校進行關懷活動，說說故事、手語帶動，並以證嚴上人的靜思語為基礎，設計像是疊疊樂等各種有趣的比賽，學生們得在時限內將靜思語的卡片依照提示排列出來。每回到校園都受到學生們熱情的歡迎，「慈濟爸爸」、「慈濟媽媽」的聲音不斷，陳鶯鶯感覺自己像是孩子的「超級偶像」！在強震過後幾乎一無所有的惡劣環境下，老師與孩子們仍然堅持上課，社會的希望就在這些孩子身上，災民們堅韌不放棄的精神，也感染著前來關懷的志工。

工作是要養育子女，志業則是一份承擔、增長無形的慧命。當時因應大陸的市場需求，有公司想借重陳鶯鶯的專業到大陸代訓員工的行銷技巧，讓陳鶯鶯的心境起了變化，決定辭去慈濟委員組長的承擔，給自己合理化的理由是如果影響了組內志工服務的運作可不行。

「一個女人去大陸做什麼？」從臺中靜思堂回到家的陳鶯鶯，反覆地思考著證嚴上人慈悲的問話。原本是要去告假，卻是被當頭棒喝點醒了。對呀，她想起了自己的初發心，那埋在心中許久的種子，也許是該圓滿丈夫「幫助他人」心願的時候，而且，一次要做兩人份才夠！

二〇〇一年的夏天，陳鶯鶯離開臺中的家到大林志工組報到。只是，願大志堅的她卻需要不斷的自我調整心態來適應新的生活型態。原來，一向隨心所欲的她花錢大方以外，更是最喜歡睡到自然醒，但醫院常住志工的生活恰如修行，每天清晨四點二十分就得起床做早課；用完早餐後，接著參加七點的志工早會，然後就展開忙碌的院內服務，從感恩樓、大愛樓的各個病房到地下二樓的助念堂，還有社區安養中心、機構的定期關懷，才到醫院兩個月就磨破一雙白鞋。有時，偶而半夜因需要陪伴關懷病人家屬或要到心蓮病房協助處理病患的生死大事，回到宿舍時已經天色發白。但由於有願力支撐著，說什麼也不能打退堂鼓。

「家裡經濟沒辦法像以前那麼好，要省一點，知道嗎？」她在決定留在大甲、加入慈濟行列和孩子商量時，提醒孩子們生活不能像住在臺北時的奢侈。而當要到大林報到時兩個女兒皆已在工作，小兒子則就讀慈濟中學的國中部，陳鶯鶯想得很開，和孩子身上相連的那根線，本來就不應該緊抓著不放，何況體悟到人生無常，自己又能陪伴孩子多久？適時的鬆手，讓他們學習獨立自主、擁有自己的天空。到大林二年後，陳鶯鶯的兒子來到嘉義讀高中，但母子倆相遇的機會卻得碰碰運氣，有時週末假日來臨，卻是志工組最忙碌的時候。不過，陳鶯鶯很放心，當初看到將要入住的學生宿舍，兒子居然大呼我從天堂掉到地獄了，陳鶯鶯回答你只是回到人間而已。而且兒子喜歡簡單、整齊，看到女生打扮太花俏還會不習慣，她知道兒子已經很「慈濟」。

兒子就算來到醫院，通常會跟著陳鶯鶯在醫院四處跑。她記得最深刻的是有一年的母親節，在心蓮病房裡有位三十一歲的男性病人已經走到生命的尾聲。他的母親打電話到志工組邀大家去吃蛋糕。那時正好有朋友送梔子花，陳鶯鶯與兒子一起帶著花，幫病人為媽媽唱「推動搖籃的手」感恩母親，病人的母親含著淚水強顏歡笑鼓勵兒子多嘗一口蛋糕，大家的祝福與甜蜜的蛋糕滋味帶走了些許的憂傷。陳鶯鶯回志工組後和常住志工紅芬說，這孩子為媽媽強撐著，過完母親節就要走了。過節後的第三天，志工在心蓮病房為那位病人送行，雖然讓人哀傷，但欣慰至少在生命最後的時光能幫母親過母親節，說出對母親的感恩。每逢寒、暑假到來，是陳鶯鶯最快樂的時光，因為兒子會來醫院當醫療志工，就算大家各忙各的，也是在醫院裡不同的角落，做著同樣關懷病人與家屬的事。

母鴨帶小鴨。阿吉伯懷念母親，想起朋友的魚塭有養鴨子，用過去的記憶來作畫。

田裡的水牛，耕做完了，還浸泡在水裡，都不願意出來。

母雞帶小雞要回家了。

公雞一家人。小時候阿嬤有養過，阿吉伯憑著印象畫出來，都是去野地找的草、田螺來養雞。一旁的花裡有汁液，小時候最愛吸裡面甜甜的汁液。

陪伴

八樓病房區在謝良吉入住時引發的一陣騷動後，總算平靜下來，空氣中瀰漫著過多驚訝、疑問的氣息。從鄰近病房出來探詢的病人、家屬帶著各自的解讀陸續離開走廊。陳鶯鶯跟著輸送阿姨、家屬走進病房，再幫著將謝良吉從推床移到病床上。「是自殺吧！？」心上帶著疑問的陳鶯鶯壓低了身體、仰起頭看著謝良吉，但發現整個臉垂在胸前的他根本無法抬頭，只能勉強瞪大了眼睛用眼睛的餘光往上瞄。陳鶯鶯說，我知道你很不舒服，要加油，醫師會盡力幫忙。謝良吉努力地說話，但聽在旁人耳裡只有非常相近的字音，せせせせ的。站在一旁床的兒子像個陌生人，以一種疲倦中帶著不耐煩的語氣說他的父親是頸椎壓到，眼睛只能往下看。

陳鶯鶯沿著床側的護欄來到床尾，蹲下來，總算能與謝良吉的視線平行。也許，長久來關懷的經驗在此刻派上用場。她面帶笑容，保持鎮定，忖度著下一步要如何幫助眼前這一家人。她說，我姓陳叫鶯鶯、閒閒沒代誌，在醫院走來走去喔，會常常來看你，有什麼事都可以找我。謝良吉覺得意外，醫院裡怎麼會有這樣的人，一副什麼都願意幫忙和關心的樣子，這不是開玩笑吧，還是，自己不像在做夢呀。尤其上病房前，那位年輕的簡醫師抱著自己做影像檢查時，也讓謝良吉覺得意外，這家醫院到底怎麼回事？從來就不願認輸的他，在心底燃起了一絲的希望。

很辛苦，會不會痠痛？陳鶯鶯說。謝良吉在紙上寫著，我中風，臺南醫院不敢開刀，醫師介紹來大林。還沒完全掌握病情的陳鶯鶯心裡想活著這麼辛苦，病人這姿勢活得下去嗎？

每個早上到病房看看謝良吉成了固定的行程，陳鶯鶯從簡醫師那邊知道了謝良吉的診斷，幾天後即將先做頸部的牽引，該忍受的苦一點也少不了。陳鶯鶯覺得和謝良吉的年紀應該相仿，也讓心中多了些親切的感受，半百的人生，從何而來，又將往何處？總在內心交戰著，該給這個病人更多的陪伴支持吧。

其實，陳鶯鶯平時會先在辦公室瀏覽住院病人的資料，年紀特別輕的、老的，或是病情嚴重、特殊病症的，她會記錄下來，然後一個個去關懷，希望讓他們在醫院能夠安心的治療，也試著了解病人和他的家庭間的問題，再給予協助。到病房探視前，她有時會準備一籃當季的水果，蘋果、香蕉、葡萄、橘子……，「祝你手術平平安安！」陳鶯鶯手裡捧著水果籃，嘴裡藉著水果的諧音，對病人說幾句祝福的話。有時蘋果、橘子有大有小，就說祝福全家大、小都平安、吉祥！送香蕉時說「好事相招」，送鳳梨則是「生命力旺旺旺」，如果碰到葡萄的產季，也沒問題，她會說「一切都圓滿」。那芭樂呢？她祝福病人可以「離苦得樂」、送水梨早日脫離病苦！病人和家屬吃在嘴裡，心也跟著甜起來。

還不只準備水果呢，有時病人需要盥洗用、衛生紙，陳鶯鶯就去準備張羅；有次公路上因為大雨視線不佳而發生車禍，好幾位患者送到急診時全身濕透，陳鶯鶯趕忙開車去鎮上的菜市場買衣服，讓患者們在診治好後有乾的衣服可以穿回家。

阿吉伯非常細心地畫，然後，顏色不重複、很分明。是用記憶中的想像，畫出好多臺灣種的水果，很鄉土，而且很有臺味。

猜猜看這是什麼？阿吉伯說，可以拿去賣，用沙或小石頭炒熟後吃裡面的果肉。

姊弟

還以為看到太空人呢！這天來到病房的陳鶯鶯用飽滿的微笑迎向謝良吉，剛完成頸部牽引的他因為從心底竄起的痠痛，整個臉都揪在一起。平時會自我調侃的謝良吉消失了，就像一座隨時都會爆發的活火山。護理人員在牽引頭罩的另一端加上半公斤重量，這才剛開始呢，接下來每天都得半公斤、半公斤地往上加。「痛、痛、痛……」謝良吉重複寫著很難過、很痛。陳鶯鶯鼓勵說，等你能夠吃東西，就買冰淇淋給你吃。謝良吉渙散的眼神突然亮了些，但他想，這只是安慰的話吧，而且，真的會好嗎？舌頭都快掉到地上了，頭正像顆消風的球被遺忘在胸前呢。

其實，陳鶯鶯覺得蠻樂觀的，照著簡醫師這樣牽引的想法，當頭逐漸伸直後，舌頭自然就會縮回去了。只是，就算頭回了原來的位置，但接下來要如何固定下來才是挑戰呢。而另一個讓她擔心的，則是從謝良吉住院就陪在一旁的兒子，頂著一頭過耳的捲髮，帶著不耐煩的神色，常常一轉頭，就從病房中消失無蹤。似乎沒看過他正眼自己的父親，也不會主動和父親說說話；而謝良吉只要看到兒子在眼前，情緒就更差些。陳鶯鶯不知道他們究竟怎麼回事，就像陌生人，也只能多陪伴。

牽引十二天後，謝良吉「奇蹟式」地開始說話了，沒覺得太意外的陳鶯鶯最高興的是不必再和謝良吉玩床頭、床尾的「捉迷藏」，也不用再看他辛苦的寫字溝通，而謝良吉的話匣子一打開，總是會忘記上鎖。

「你幾歲？」陳鶯鶯帶來自己最喜歡吃的明治冰淇淋、飲料，也為謝良吉的兒子帶杯咖啡。

「我是四十年次。」謝良吉雙眼骨碌碌地轉，好多年了，這是最輕鬆的時刻。

「這麼剛好，我也是！」

「我是十二月，聖誕夜那天出世」

「那我贏幾個月，你要叫我姊姊！」

傷口還會痛嗎？陳鶯鶯問。有冰淇淋吃，所以不會痛，謝良吉說。早知道這麼好用，手術時就不用麻醉了，陳鶯鶯說。這句話讓謝良吉像是發現難得的新鮮事般雀躍，他說，姐啊，我們讓麻醉醫師失業吧！往後，這句話也成為謝良吉想吃冰淇淋時的「通關密語」。

當他訴苦昨天晚上睡不著，精神很差時，陳鶯鶯就幫他壓壓腳，這樣能讓血液循環變得好一些；阿姐，我的腳會麻，謝良吉說。陳鶯鶯笑咪咪地幫他按摩腳，然後聽著他說自己的故事。

兩個人開始以姊弟相稱，謝良吉覺得有些感慨，因為沒有血緣關係的志工，怎麼比自己的家人還關心、照顧人，但更為多了位每天來到病房的姊姊而高興。良吉，你最喜歡什麼樣的生活？最快樂的時間是什麼時候？陳鶯鶯每天會提出新的問題讓謝良吉去想，就怕他會覺得無聊，這樣又會把心思放在治療的辛苦上。

謝良吉告訴陳鶯鶯，在金門當兵時，手榴彈擲遠可以丟到八十幾公尺，通常超過三十公尺就算及格，有的人只有十幾公尺。但僵直性脊椎炎第一次發作也在那個時期，結果一整年都在島上過著一跛一跛的生活，誰叫那班長沒有擔當，沒有積極讓他就醫，連父親得到鼻癌，都不願讓他回臺灣探望。

最快樂與喜歡的生活，謝良吉想了想說，應該是那段雲遊四海的日子吧。在臺灣的工作不順利，為了給孩子生活的費用，他在隱瞞病情下登上遠洋漁船，整整兩年的時間走過好多國家。謝良吉帶很多藥上船，自己吃，也配藥給船員吃，一般的感冒、流鼻水可難不倒他。

有人眉毛撞了一個大洞，就幫他抹眼藥膏，保證沒有疤痕。還有一個被魚勾勾到手拔出不來，謝良吉先用刮鬍刀燻熱加酒精，然後以碘酒抹手，割出一個口後，順利把魚勾拿出來。

那你的小孩呢，陳鶯鶯好奇地問。該按怎說起？謝良吉想到孩子小時候的可愛模樣，但下一秒就像氣球被戳破般，很快洩了氣。他說，孩子出生沒滿月，太太就離開，阿母要他去帶回家，他才不管。這樁沒拍照、沒戴戒指的婚姻很快就畫下句點。謝良吉記得兒子讀幼稚園之前，去哪都帶著他。去公園玩、抓田螺的。後來去跑船給了安家費，兩年後回臺灣時，兒子繼續跟著阿嬤住。聽母親說過，有天兒子在床上睡覺，結果被老鼠咬了手指頭，連哭都沒哭一聲。

幾年後，謝良吉跟會在臺南一中附近買了間矮房子，父子倆有機會住在一起，但像是兩條平行線。母親抱怨，你怎麼都不教。謝良吉回嘴，要教你去教，你說我教小孩像碰到冤仇人。謝良吉覺得母親溺愛孩子，什麼東西都幫他準備好，結果呢，現在什麼都懶得動。洗完衣服後，竟然要已經嚴重彎腰的父親幫忙晒，像是在叫「奴才」一樣。

當兒子高職畢業出社會，謝良吉怨嘆兒子打工賺錢，不但沒拿錢回家，還向阿嬤伸手。當僵直性脊椎炎發作痛起來時，兒子也不帶他去看病，前兩年中風時，做人子女的也沒回來看一眼。來家裡喝酒的朋友想要幫他出手教訓，但謝良吉搖搖頭直說算了吧。

「他的手指怎麼了？」

「去過大陸幫人顧倉庫，說有人偷東西，他想放炮嚇他們，結果卻炸掉一根手指。」

「你可以和兒子多說說話。」

「從小就是阿嬤在帶，都不理我。」

「他願意在這裡陪你，已經不錯了。」

「甘有影？來醫院只知道睡覺，都是護士小姐在幫忙。」

「因為你對兒子也不好，現在要多投資一點！」

謝良吉常感嘆，如果不是那麼年輕就生病、被限制住，人生會完全不一樣吧。也許，和兒子的關係也不會如此地糟糕。阿姐，我的背後好痛，謝良吉說。陳鶯鶯來到他身後按摩著，還好，她想著良吉的幸與不幸，但至少他的運氣很好，因為中風、頸椎接著脫垂威脅生命，還好沒有完全壓死神經，不然可能已經癱瘓，連呼吸都沒辦法。就像謝良吉自我描述的，脾氣雖然不好，但是不會無理取鬧，對的就是對的，不能錯的事情，讓你橫柴拿入灶。陳鶯鶯覺得他的情緒很內斂，也不會亂發脾氣，算是認命的人吧。偶爾，謝良吉會問不在病房的兒子跑去哪了？

看著與自己同年出生的謝良吉，陳鶯鶯覺得幸運！在臺北出生的她，從小在松山區基隆河邊長大，務農的父母親耕田、種菜、荸薺……拉拔大六個子女。父親是農會代表，每當有新品種的水稻、草莓和牛番茄……，都會在陳家的農地裡出現。寒、暑假時碰到割稻的農忙，陳鶯鶯會幫忙煮三餐外加兩頓點心，打理家人和來幫忙工人的胃。印象中真正忙碌又緊張的是荸薺皮，荸薺又小皮又薄需要功夫，又擔心工人皮削得太厚影響重量，一家人必須辛苦地連夜趕出訂單的數量，因為那時沒有冷藏設備，削好的荸薺要泡在水裡保鮮，等天一亮就開始送貨到做雞卷、魚丸的店家。其實，除了幫忙這些農務以外，父母親給了陳鶯鶯很大的自由，想唸書就唸，不然以後找工作也可以。對照當下的人生，這樣的自由正是父母親最好的禮物。

簡醫師今天查房時提到幾天後要動頸椎的手術，謝良吉說。陳鶯鶯把水果放在床頭的矮櫃上，依舊綻放的笑容裡卻藏著難喻的憂心。第一階段的牽引很成功，雖然吃盡過程中的痛苦，但終於可以說話、吃東西的謝良吉受到莫大的鼓舞；而且，就算高難度的頸椎手術完成，如果不繼續動腰椎的手術，還是一輩子沒法挺起胸膛。但有護理專業背景的陳鶯鶯很清楚，謝良吉的頸椎非常脆弱，一旦手術不順利，可能會沒辦法呼吸而需要氣切，甚至，就此沒法動。就算現在決定不動手術，至少，還能夠用頸圈固定著生活，眼前真的很難想得太遠呀。

看著謝良吉滿懷信心的臉龐，陳鶯鶯知道他很積極地去看電視、報紙，想要知道所有和脊椎手術相關的報導，哪裡有什麼專科醫師，曾經有腰椎彎曲多少度的病人動手術，他的心已經走得好遠。只是，過去都是他的二姐在支持經濟，後來還得大姐拜託二姐，才讓謝良吉有從臺南的醫院轉來大林慈濟的機會。該如何衡量謝良吉下的決心有多大，為了自己的不確定的未來願意付出多大的賭注！即使被謝良吉視為救命恩人的簡醫師也不清楚。

也許，受一輩子苦的謝良吉正開始有老天的眷顧。在開刀房裡，簡醫師第一次因為病人無法平躺下來而坐著開刀。謝良吉的頸椎長期受到擠壓而危及神經和血管，原本就會在手術前演練的簡醫師拚命的翻資料、找文獻研究顱骨頸椎融合手術的過程，有不確定的地方就和陳英和老師聯繫。結果，手術很成功，在等待中緊張了四、五個小時的陳鶯鶯總算鬆口氣，這個弟弟真有福報。而手術後唯一閃過簡醫師腦海的的念頭是：「到此為止吧！」雖然謝良吉的腰還是彎的，但已經回復到中風前不用依賴鼻胃管和抽痰機的情況，不會死就好了！簡瑞騰不想再讓病人承受更大的風險。

不論如何，從病房的醫生、護士到志工組的常住志工，每個關心、照顧過謝良吉的人，都覺得心頭上壓的大石頭鬆開了。

阿吉伯很愛吃水果，所以印象特別深，靠著印象畫了好多的水果，每顆都很飽滿，香甜的味道瀰漫著整個畫面。

阿吉伯從畫蓮花開始，後來想到曾
看過太陽花，就想作些不同的嘗
試。畫著、畫著，心底也慢慢開出
了太陽。

六度

「人與人的相遇絕不是偶然！」順著時間的河流不斷地前行，穿梭在醫院生、老、病、死的場景間，陳鶯鶯心頭更篤定，凡事都有因、有緣。

初遇夙儒，那是陳鶯鶯走進醫院十樓啟用不久的腫瘤病房，曾經歡喜剪綵的氣息，已被滿床後的忙碌醫療照護給抹去。她發現那位正接受胰臟腫瘤治療的病人，竟然對著一位年輕病人「做法」，說是要幫忙消災解禍。覺得彼此不對味的陳鶯鶯只是點點頭，簡單寒暄後就轉身關懷其他的病人。

雖然心裡面不認同，但總也不好當下去和病人說些什麼。她想起證嚴上人教導「福要自己植，災要自己消」，只有修身養性、端正行為，修三慧——「聞、思、慧」才是獲得智慧的根本方式；而行六度「布施、持戒、忍辱、精進、禪定、智慧」才能將凡夫的此岸度到聖人的彼岸，可不是研究佛學、追求神通呢。

就像是給志工的隨堂考試，一段日子後，陳鶯鶯那被揚起的煩惱心，卻在看到病房牆上那幅夙儒書寫的「千手千眼無礙大悲心陀羅尼」時，思緒瞬間清朗開來。一臉聰明樣的夙儒從師專畢業後在小學教書，鑽研佛法、寫得一手好字，除了積極地關心其他病人，更主動提供作品讓病房張貼。陳鶯鶯告訴自己，佛陀的本懷正是以大慈悲心和信心、毅力、勇氣來承擔眾生的苦難。她祈禱著能有更多的能量之去陪伴受難的病人和家屬，而眼前最重要的是和夙儒結好緣。

「你的書法寫得真好！」陳鶯鶯讚嘆著。

「大概上輩子有下功夫吧！」夙儒開自己的玩笑說。

一開始，夙儒對於癌症的治療滿懷著信心，最後終將雨過天晴。只是當開始轉移到肝臟、腸部而得再度接受化學治療時，他的身體已經無法承受。當他住進心蓮病房接受安寧緩和療護，陳鶯鶯和他分享拜讀證嚴上人著作「淨因三要」的心得。她談起以前曾經因為有苦而求神、拜佛，結果造做許多不如法的行為，現在深切體悟到學佛一定要有正知、正見。她鼓勵夙儒想要得到清淨心，就得要像手畫虛空、畫過無痕，留下好的種子、去除壞的種子。

醫療團隊安心日子過不了幾天，每天躺在床上天馬行空想像的謝良吉，那股積極態度開始讓大家的心情七上八下！他告訴陳鶯鶯，現在雖然沒有生命危險了，但好想重新挺直腰，最好還能靠自己的雙腳走路，畢竟，一直駝背下去實在不方便，可是好奇怪，簡醫師好像不太願意談這件事。真的還要再做嗎？陳鶯鶯心裡開始擔憂，但還帶著笑容對謝良吉說，和簡醫師溝通吧。

後來，謝良吉在簡醫師查房時鼓足了勇氣問，下一步呢？我彎得像釣竿的腰是不是也該要手術了？正在檢查阿吉伯頸部手術傷口的簡醫師，笑容突然變得僵硬，真是頭痛呀，他在腦海中搜尋著要如何和阿吉伯解釋病情，並且最好打消再手術念頭的字句。反正，現在脫離了鼻胃管和抽痰機，也可以自己吃飯、看報紙，再過一段時間就可以出院，然後，一切回復平靜。阿吉伯不知道如果勉強動腰椎手術，一點意外都有可能會危及生命。

簡醫師很想和阿吉伯說到此為止吧，反正都已經忍受僵直性脊椎炎三十年了。但他婉轉告訴阿吉伯，如果還要再動手術，那可得要好幾次才能把嚴重變形的背矯正回來，你知道可能會不成功，或者讓你不能再喘氣？

謝良吉像個上戰場就勇往直前的戰士，怎麼間接、直接地勸他考處別動手術，他卻一派輕鬆地說，沒關係，把我當成實驗品都可以。簡醫師終究再也說不出話來。對於簡醫師的猶豫神情，謝良吉不覺得灰心，只想著要如何再說服醫師，也希望陳鶯鶯能幫忙完成心願。

當隔天簡瑞騰醫師到病房允諾阿吉伯要動手術後，陳鶯鶯緊張得喘不過氣來。不是連簡醫師都採取保留的態度嗎？想想為什麼臺南的醫院不敢動手術，難道不就是因為太危險；尤其，謝良吉的僵直脊椎炎一直都存在著，像是露出水面僅是冰山的一角，隨時都可能發作，那麼前面這麼多的努力，還是會歸零！

看著阿吉伯知道要動手術的喜形於色，陳鶯鶯覺得好佩服他。在臺北出生的她從小就愛下午跟著阿公、晚上又跟著母親去看戲。有時母親家裡的事忙不過來，沒辦法去看晚場的，就會叫她過來坐在自己身邊的板凳上「講戲齣」，雖然沒有畫面，但母親聽著女兒說得神靈活現地，常常和鄰居誇耀那可比看戲更有想像空間。她在醫院當志工時常和病人說故事，更要使出所有能量的鼓勵他們，她會說，現在雖然十元只剩下兩元，但至少還有本，可以生利息、甚至翻本，如果你放棄了，就什麼都沒有。自己說的話猶然在耳，也許真的是太過擔心謝良吉了。「需要這樣辛苦嗎？」陳鶯鶯想了又想，她整理好複雜的心情，然後轉向謝良吉說，自己願意就好，但要知道結果不是人可以控制的，醫師一定會盡力的。

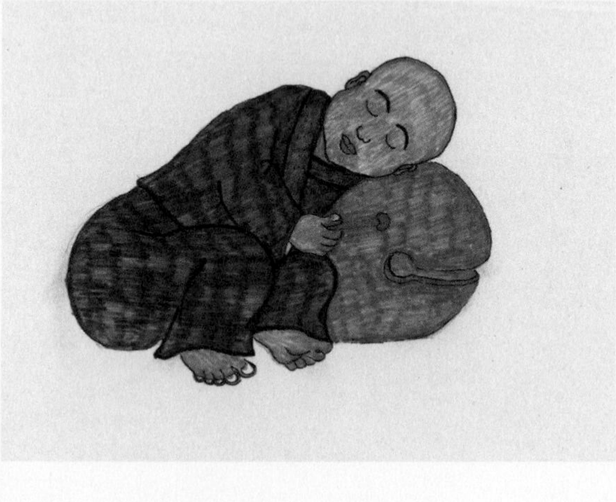

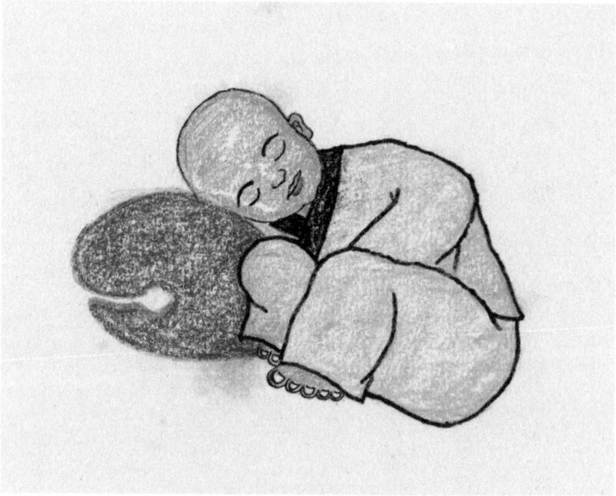

阿吉伯一直想回精舍，慈濟志工陳菊拿了精舍小沙彌照片請阿吉伯多畫些，更了解精舍的情況，很快就能回去了。

前行

「要打止痛針嗎？」護理人員「辣妹」問。謝良吉愛幫人取綽號，除了辣妹，還有公布欄上有護理人員出遊和白馬的合照，就被他取名白馬，還有小公主、小可愛、小辣椒。

「在你手上，要打不打隨你。」因為疼痛而雙眉緊蹙的謝良吉咬著牙逞強回應，因為這才是他被大家熟悉的謝式幽默。

「那我要走了。」辣妹作勢準備要離開病房。只是走了兩步又轉身回來打針。

那年的尾聲，謝良吉終於挺過肺炎與生死一瞬的腰椎切骨矯正手術。但開始復健後的酸痛讓謝良吉懷疑這決定是否對呢？簡醫師說過手術成功不過是第一步，在身體倒下與變平的過程中，龍骨會因為移位而產生劇烈的酸痛。儘管，謝良吉會在信心動搖的下一秒告訴自己只要忍得過去，一切都將值得！

志工來到病房幫謝良吉洗澡，才從床上挪動到輪椅，就覺得龍骨很痛，謝良吉說改天再洗吧。辣妹進來抱住他順勢要往床上坐時，雙腿無力的謝良吉還在床下，結果腰部那直抵心扉的抽痛讓他差點閃尿出來。後來，第一床的病人家屬過來幫忙抱住腳，總算回到床上。大家盡量保持耐心，碰到謝良吉發脾氣時，就自動安靜下來，陳鶯鶯有空就盡量到病房去陪他，帶水果、點心，還有他最愛的冰淇淋。

這一天，陳鶯鶯特地繞到復健科看治療師明倫帶著他做復健，腳上綁著鉛袋，咬著牙、拉著樓梯的扶手一步、一步地爬，終於爬到十二樓時，謝良吉的額頭上滲出豆大的汗珠，雙腿早就不能自己的抖動著，但他就是不願意放棄。陳鶯鶯覺得好感動，但這才像良吉吧，不是嗎。

良吉需要這樣辛苦嗎？高難度的手術、艱辛的復健……，其實，陳鶯鶯也飽受脊椎側彎的苦，平時一忙起來，彎個腰都會痠痛，晚上回到志工寮房就寢時，只能側身睡覺，有時想要試著平躺，卻只是招來疼痛。陳鶯鶯揣磨過謝良吉那般坐著睡覺的日子，才發現能夠側躺睡覺是如此幸福的一件事。六十天的復健與練習後，陳鶯鶯看著弟弟在復健室裡站起來，靠自己跨出第一步，能站、能走，真的很困難呀，他真的好有毅力！

謝良吉辛苦地維繫著那一口氣，為了繼續生存要忍受難以衡量的痛楚，相對於他的「難活」，陳鶯鶯的先生以前常則形容她是很容易「活」的人。為了到大林志工組服務，陳鶯鶯得比過去提前好幾個小時起床做早課、參加志工早會；偌大的醫院裡哪個角落有需要，就會看到她穿梭的身影，果然，她輕易地適應了團體生活的環境。曾經，她每天早上以一杯咖啡悠閒地展開一天的生活，現在她辦公室的案頭上也常放置一杯咖啡，為了提神。但這些看來辛苦的適應和謝良吉的遭遇比起來，真不算什麼。最近，陳鶯鶯盡量維持一天只喝一杯咖啡習慣。

易活的她學會去轉變念頭。「人應該懂得把握因緣，醫院是唯一可以改變自我習氣的地方。」陪伴著謝良吉，看著曾經被自己誤以為是自殺的個案，到如今竟然可以抬頭挺胸、走路，朝著自立的生活而前進；而自己呢，擁有健健康康的身體、每天都有付出的機會，這是多麼讓人感恩呀，陳鶯鶯心裡滿溢著幸福。她更加堅定持續關懷謝良吉，期待有一天，他能用自己的方式去對曾經幫助他的世界有所回饋。

安住

在醫院熱熱鬧鬧的慶生會後，謝良吉住進離醫院幾分鐘車程的安養院。沒選擇回臺南，為的是可以每天到醫院做復健，早日實踐去花蓮靜思精舍的願望，還有實踐向姊姊承諾的事。出院前，謝良吉說，以前眼睛睜開，不知道該怎麼過，因為什麼事情都不能做。現在，我的命是在大林揀回來的，是醫院給的，所以我知道該做什麼。陳鶯鶯問，那你知道要做什麼？謝良吉說，要來醫院當志工。

每天一早睜開眼的謝良吉總是眉笑眼笑的。安養院的司機固定帶他到復健科向治療師明倫報到，然後到八樓病房串門子，和乾女兒、小可愛和辣妹她們開開玩笑，記得住院時，乾女兒貼心地買飲料，辣妹則會推輪椅在病房走道跑，覺得很過癮。現在他在護理站黏貼紙、在綠色的手環上貼病人的名條，算是小小的回饋。

謝良吉最後一站會回到大廳入口右手邊的志工組引頭路，大抵幫忙些剪剪貼貼、蓋章的活。看到謝良吉快手快腳地做完，陳鶯鶯說，慢慢做，不要急。謝良吉說，沒工作了，我要來申請失業基金。志工組有好吃的點心一定都有謝良吉的份，有次還把整罐的果醋都喝完。當安養院司機準時在中午時分來接他回安養院用餐時，謝良吉總像是從天堂掉到地獄似的沉下臉。

謝良吉的本事還真不少，他向簡瑞騰醫師要來自己手術前、後治療影像，加上圖說做成一大本A3的剪貼簿，在病房、醫院大廳逢人就發名片介紹自己是「全世界第一位使用牽引法金氏紀錄者」的病人，他說不想看到有人像他一樣拖了幾十年才找到對的醫師。謝良吉的作法讓簡瑞騰醫師大開眼界，覺得尷尬卻又宣傳效果十足；而謝良吉更成為陳鶯鶯在病房關懷病人的最佳幫手。

中風的病人、受傷的病人，陳鶯鶯帶著謝良吉到病房現身說法。有位和謝良吉同樣是僵直性脊椎炎的病人，長年的病痛養成了壞脾氣，對於家人的好言相勸置之不理。阿吉伯到病房時也沒多說話，他靈機一動地高歌「愛拚才會贏」，在病人還來不及冷眼相對時就已被磁性中滄桑味十足的歌聲融化。謝良吉拿出剪貼簿，自顧地說起簡瑞騰醫師是如何用心治療，然後每天努力做復健，只要有一絲希望，就不該隨便說要放棄。終於，這位自怨自艾的病人緊蹙的眉頭放鬆了。陳鶯鶯覺得他好厲害，往往簡醫師怎麼勸都沒用，只要謝良吉出馬就解決。

「要常走，可不能怕麻煩。」謝良吉來到八樓病房探視一位遠從美國來求醫的病人，頭頂著太空帽，就是去年自己開始做牽引治療時的模樣。

「我就是看到你的新聞，我才回來的，你很了不起！」比謝良吉大幾歲的病人豎起了大拇指。原來，他是謝良吉的「粉絲」呢。

「沒有醫師就沒有我，都是簡醫師救了我。」謝良吉提過不只一千次簡醫師的好，話語裡的熱烈情緒未減分毫。

「要相信醫師，做最好的合作者。」病人向謝良吉保證自己會配合簡醫師的治療計畫，忍住恢復過程中的痛楚。

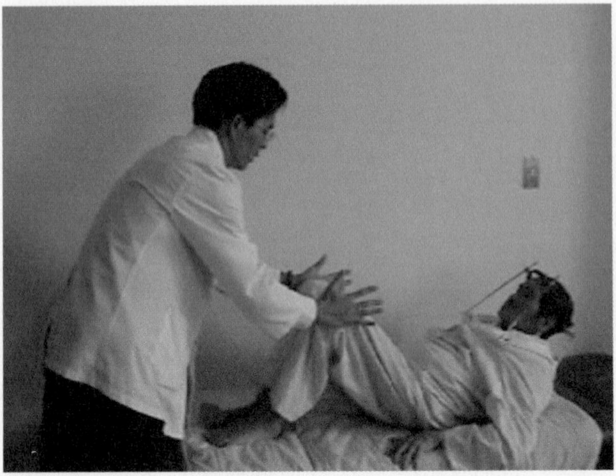

蔡明倫復健師訓練阿吉伯復健動作。

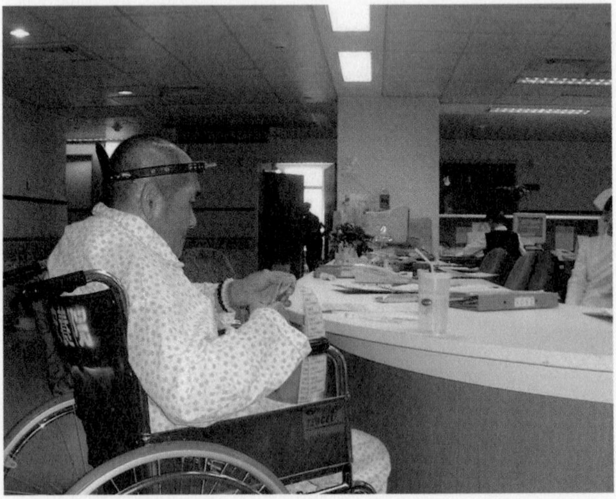

病房當剪貼志工。

兩位狀況類似、互相鼓勵的病人。

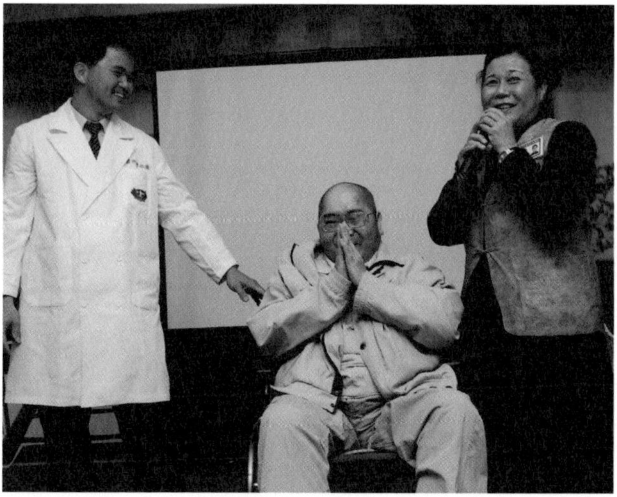

阿吉伯感謝鶯鶯師姐。

晝晝

其實，選擇留在大林，謝良吉心裡盤算的是隨時都可以看到簡醫師。雖然眼前的挑戰早已不是頸椎或腰椎的問題，但他有種說不上來的安心，只要看到簡醫師，就感覺一切都沒問題了，誰在乎簡醫師是看哪一科呢。

每週四是陳鶯鶯帶著醫療志工到安養院關懷的日子，謝良吉總是在大廳裡等著姊姊的到來。雖然看護提醒謝良吉需要減肥了，但陳鶯鶯只是笑著不多說，因為她知道這可是謝良吉唯一能享受到被疼惜的感覺，怎麼忍心和他說不呢。

但一年多過後，謝良吉不再出現，陳鶯鶯得去房裡找他。陳鶯鶯有時也難免感嘆，希望像隨著一陣大浪打來，但旋即又回歸到大海，謝良吉距離自立的夢想又遠了些。因為僵直性脊椎炎的病情反反覆覆，復健的效果也變得停滯不前，謝良吉到醫院復健的日子少了，憂鬱的心情更在簡醫師到美國修業而跌落谷底。在簡醫師出國前，常坐輪椅的謝良吉因為腰椎的鋼板把背後磨破皮，只好動手術取出約五十元大小的鋼板。可以送我嗎？謝良吉說。要幹嘛？簡醫師問。想要磨成墜子做紀念，謝良吉說。過兩天，謝良吉收到一個透明的塑膠盒，裡面裝著從背後取出的鋼板，就像是出國前的紀念。

受到治療謝良吉的激勵，簡瑞騰醫師決定赴美研習一年，希望能在回臺灣後有更多的貢獻。只是，謝良吉陸續在安養院歷經兩次中風，雖然手、腳還能動，但消極的他成天躺在房間最角落的床上，陰陰暗暗地，連喜愛的廣播也聽不下去。「好無奈，但也無可奈何，我想整個都好勢呀、沒用了！」他抱怨安養中心明知道他的手是中風，卻把他放在房間裡，反應了好多次該去醫院，硬是拖兩個月才送他看醫師，痛得連要翻身都不能。他擔心再待下去怎麼樣死的都不知道，堅持要轉到別家安養中心，只是當他被安頓好沒幾天，謝良吉感嘆愈來愈糟，自己像蘇武牧羊般住在沙漠中，常常呼叫到聲嘶力竭都沒人理會。

只有當陳鶯鶯出現在床邊時，謝良吉才會短暫地恢復正常狀態。陳鶯鶯發現可能止痛藥吃得多了，謝良吉不僅胃出血，人也變得有些幻覺，情緒不穩定，容易罵人。說有人想要毒死他、拿瀝青要塞他的嘴。安養院擔心謝良吉只要覺得痛就吃藥，開始控制，卻換來一次又一次的罵聲。

志工組的人手不足，陳鶯鶯很擔心，卻也不能總是往安養院跑。她向管理的照護人員說，良吉真的很孤單，沒有人陪伴，很難熬，像是被遺棄，感覺很失落，拜託幫忙多照顧。

有時安養院帶人到醫院看診或復健，陳鶯鶯把握機會央請他們帶些食物回去給謝良吉。只是，看著謝良吉日漸像消了氣的身形，陳鶯鶯知道非得想些方法來改變不可，她撥了電話給樓上大愛臺嘉義中心的謝金容。

「有復健嗎？」陳鶯鶯把帶來的香草冰淇淋交給安養院的看護。

「復健師做一天休息一天，怎麼會好？」阿吉伯眼神落寞，現在連冰淇淋都無法激起什麼漣漪。

「你會畫畫嗎？想不想試看看？」

「好呀，我喜歡畫圖。」

「下次帶紙和筆來給你。」

過了一個禮拜，陳鶯鶯帶來繪畫的用具。彩色筆是謝金容挑的，從簡瑞騰醫師開始治療謝良吉時，她就開始與攝影師負責拍攝、記錄，寫紀錄片的腳本，和謝良吉早已像是家人。畫板、畫冊，還有一本素描書則是陳鶯鶯買的。其實，在上個禮拜去安養院試探謝良吉的意願時，陳鶯鶯就有把握他會答應，長期陪伴過來，每次她說什麼，謝良吉都說好。

只是心裡想歸想，謝良吉那半開、無法伸直的右手才舉起來畫了幾筆，就已經覺得無力痠軟而癱下床面。該畫什麼呢？謝良吉想起跑船時，在一片汪洋中與鯨魚相遇瞬間的震撼，他告訴自己：「就畫鯨魚吧！」那種身體胖胖的、有白有黑的；還有好幾種常在上網的漁獲中看過的魚。畫完了，連自己都覺得不好意思。勾勒魚身的線條歪七扭八的，魚不像魚，塗上的色彩都不聽使喚地跑到線條外遊蕩。

陳鶯鶯想過，良吉可能太無聊了，也沒有人和他說話，加上吃了太多的藥，才會胡思亂想地以為安養院的人想害他。和金容一起決定讓謝良吉畫畫的計畫，是希望能幫助他轉移注意力，讓心裡舒坦些。結果意外的收穫是繪畫的復健效果，沒多久，謝良吉可以持續一段時間地作畫都不覺得累，畫起線條和塗滿色塊時都穩定下來。謝良吉幾乎像個繪畫狂，除了吃飯、睡覺以外的時間，畫本和他就像是連體嬰般。他想要一直畫下去，因為在每一筆的當下，原本難熬的時間就像不存在般。

安養院護士秀卿的媽媽是佛教徒，她說有些經書上有佛像，問謝良吉想畫畫看嗎？於是謝良吉開始畫起佛像，沒多久，觀世音菩薩、彌勒佛……畫滿了一整本，秀卿說媽媽有念經的習慣，可以送一張讓媽媽黏在牆上嗎？謝良吉很爽快地把畫冊送出去。佛像畫完，他把注意力放在卡通人物上，米老鼠、唐老鴨、海賊王、蠟筆小新、海綿寶寶……，照著故事書就能畫出一模一樣的圖像。原本大家眼中愛挑剔、老是講些離譜話的怪人，現在不僅正常，更搖身一變成充滿天分的素人畫家。真是有心栽花，花不開，無心插柳、柳成蔭。

有一天，陳鶯鶯建議可以畫些不一樣的題材。那我該再畫些什麼？謝良吉問。你還記得小時候的事情嗎？陳鶯鶯說。他點點頭，從那天開始，謝良吉像是回到小學的時光，那個在臺南一家洗衣店出生、備受父母疼愛的小男生。於是，洗衣店、學校、住家，還有許多童年時光的遊戲、小玩意，一一成為畫作的題材。每一筆、每一幅畫都是美好記憶的堆砌，那原本遙不可企的模糊過往，又再度鮮明地在眼前舞動。

謝良吉也把簡瑞騰醫師、護理人員、看護、志工都成為躍然紙上的作品。陳鶯鶯很訝異，沒學過畫的謝良吉可以畫得那麼好，鉛筆速寫、彩色筆畫作，從作品的比例、畫面配置、光線的運用，都讓人覺得很協調，充滿觀賞的樂趣；尤其，因為中風造成眼睛複視，但他卻不以為苦！陳鶯鶯鼓勵他把生活上所看到的、想到的點點滴滴都用畫筆記錄下來，以後有機會出書時可以當插畫。讓他保有希望是件重要的事，人總是為了希望可以更勇敢地活下去。

返鄉

儘管有繪畫的短暫心靈依靠，但現實生活中只有一個人的苦悶，謝良吉還是常把情緒的出口放在對安養院的埋怨上，不再能行走的困境，更讓他曾編織回花蓮的夢想煙消雲散，心頭總是糾結成化不開的烏雲。當簡醫師回國後看到他時，開始對自己曾做的、自以為對謝良吉有所幫助的治療產生懷疑。還好，沒多久，謝良吉像是快要溺水的人被拉了上岸。

曾經有段時間，簡醫師的太太翁瑩蕙很擔心謝良吉，也許只能撐到先生回臺灣，看一眼，然後就會走了。

說也奇怪，謝良吉看什麼醫師都不對勁。吃什麼藥都不見效果。

陳鶯鶯對著因為傷口感染住院的謝良吉說，只要再等幾個月就可以看到簡醫師。但他的血壓降得很低，真的感覺就快要撐不下去。就這樣一天熬過一天，當簡醫師回來後，陳鶯鶯立刻和他說在出國的這段時間裡，真的好漫長，謝良吉有很大的失落感。

沒多久，謝良吉的生命力又回來了。就像另外一個奇蹟般！

由於始終不滿意安養院的品質，陳鶯鶯和謝良吉的家人商量後，決定讓他回到久違的臺南，住的還是安養院，但至少親姊姊有空就能過去關照一下，至於曾有的家，已漸行漸遠。只是，他不改批評的個性。謝良吉抱怨，安養院一家比一家還糟，自己好像跟「蘇武牧羊」一樣是住在沙漠中，吃又不好，只是要他們幫忙買瓶蔭瓜配飯，總是聽到大家你推我、我推她；有什麼事情時，就算叫上五、六十聲，也不見得看到見半個人影。他也常埋怨幫忙的看護，嫌人家脾氣不好、手腳不乾淨，混水摸魚的時間比做事情還多得多。

不過，喜歡挑毛病的謝良吉還是有欣賞的人！他覺得護理淑珍和麗青真正在做事，尤其，人很溫柔又實在！他說，假如每個人都像她們一樣，他就能靜心思考以後的事，像是有一天好起來時，能再次做志工、公益，然後把這些功德都回報給曾經幫助過他的人。

「祝福你喔，愈來愈好！」陳鶯鶯過年時跑了臺南安養院一趟，為謝良吉送上紅包。他高興地收下來，再抽出一千元要陳鶯鶯幫忙捐給慈濟。她覺得好擔心，畢竟分隔臺南和嘉義兩地，醫院的志工事務多，往後只能在年節時，或是謝良吉到大林慈院回診時才能見上一面，問問他過得好不好、需要什麼？但沒多久，她發現有位慈濟志工陳菊常到安養院關懷謝良吉，總算有個人可以相互聯繫、照應。

已經受證為委員的陳菊正好就住在安養院對面四層樓的房子，就像是聽到祈求而現身的菩薩呢！謝良吉常常吵著要陳菊開車帶他回大林看簡醫師。

天氣熱了，陳鶯鶯看到安養院的床墊不透氣，打電話請陳菊幫忙買草蓆；謝良吉對安養環境的忿忿不平，加上視力變差也不好畫太長的時間，陳鶯鶯打電話請陳菊幫忙買光碟機，她會選些證嚴上人的開示DVD找時間帶過去，讓謝良吉居然在床上圓滿聆聽上人的水懺開示——整套的法譬如水。每一回要給陳菊錢請他買些點心水果給謝良吉，她總說，不用啦，小錢我會付、大錢再由你付。

「鶯鶯師姊，阿吉伯又罵人家看護，說看護對他很壞！」陳菊打電話說阿吉伯又再發脾氣。

「阿菊你幫我告訴良吉，不要那樣子對人。你跟他說，人家照顧你那麼久，要多體諒，不要以為都是應該的。」陳鶯鶯教著陳菊要如何安撫良吉。

謝良吉除了繪畫，就是在床上聽證嚴上人說的話。過去的他總認為「軟心就會死前面」，奉行「拳頭大就拿去吃」的原則，現在想起來直覺得難為情，那種壞脾氣、出口成髒的習慣一定得改掉。有空檔時，陳鶯鶯就會打電話問問陳菊阿吉伯的近況。

陳鶯鶯想著，真好，臺南有古意的阿菊幫忙補位，讓她可以沒有後顧之憂的做醫療志工，雖然覺得良吉這一輩子很辛苦，但也很有福報；而對陳菊來說，也像阿吉伯一樣多了個可以說心事的姊姊。

金安

每天能夠醒過來，陳鶯鶯覺得就像重新活過一次，怎能不說感恩？在醫院裡度過的每一天、遇到的每位病人、家屬，都將是一場豐富心靈的體驗，並累積照顧其他病人的能量與智慧，這可是不論在醫院服務多久、擁有多深的歷練都同樣受用。每當想起金安，陳鶯鶯的心裡有笑、也有淚。

曾經有段時間，十樓病房裡金安那床的圍簾總是緊閉著。從天花板上垂下到小腿的高度，水藍色的簾子由床頭櫃繞了一大圈到另一邊，構築成一座高聳的城牆，除了醫護人員做護理外，裡面的病人對於志工的接近時，僅只於點點頭，大半都是拉高了被子裝睡。為了突破僵局，陳鶯鶯請陪伴的志工「守株待兔」，一邊與其他病人或家屬互動，一邊留意金安的動靜。每當他離開床去病房門口旁的廁所，等他再回來時，就熱情地和他打招呼，雖然每次得到的回應都很冷淡，但志工們就是不放棄。

有天，陳鶯鶯和志工趁隙接近病床，金安點頭後就揮揮右手要她們離開，但陳鶯鶯裝做看不懂，然後就開始為金安按按手腳。幾次這般「賴皮」下來，金安總算會用合十來表達謝意。他在四十八歲時就因為喉癌手術全喉切除而無法言語，聽力也變差。兩年後腫瘤又復發，腫脹的頸部要轉動都很困難，在電療和化療時總是獨來獨往。

也許眼前的處境艱困，金安得要負大半的責任，但對志工來說，如何解開金安與兄長間的心結才是能否圓滿的關鍵。陳鶯鶯慢慢了解未婚的金安長期不務正業，脾氣也不好，曾為了變賣家產而與兄弟間鬧得不可開交。後來，兄長經不起他的吵鬧而同意，金安分得八百多萬元，但兄弟間卻形同陌路。幾年後，家財散盡，又疾病纏身的金安回到老家，兩位哥哥雖然讓他同住，卻不相往來。金安變得愈來愈退縮，不願輕易與人互動。

有一天，志工桂芳看到金安站在病房的窗臺前看著外面的景色，夏日的陽光下，綠油油的稻田正隨風搖曳。桂芳慢慢走近，寫著：「還好嗎？有沒有想出去散散心？」金安拿過紙和筆寫著：「今天體力比較好，但是不想動！」兩個人就這麼一來一往地用筆談了一個多小時，直到天色暗下來才停下來。陳鶯鶯領悟到志工和金安的功能是平等的，也因為彼此沒有高、低的相處才能真正交心，讓金安開始願意敞開心胸。原來，愛的膚慰也需要用心與智慧，否則可能造成另一種傷害。

金安進進出出心蓮病房一年多，和他最麻吉的應該就是志工貴枝阿嬤。受日本教育的貴枝阿嬤不會寫中文，每次關懷金安會靠得很近，聊得很開心。金安發現，大概只有志工們不會嫌棄他傷口的味道，而且，貴枝阿嬤就像媽媽一樣的對他噓寒問暖，當他心情不好時，貴枝阿嬤會以自己如何轉念化解與先生的恩怨為例，勸金安自己以往有不會想的時候，讓哥哥們很失望，現在應該要以感恩的心來化解惡緣為好緣。

現在的金安不再是那個把圍簾緊緊拉起的病人，儘管不能說話、聽力不好，但他會試著與其他的病人和家屬互動，每當病房有活動時，他也會出來參與。陳鶯鶯看著金安體力愈來愈差，但笑容卻愈來愈多，不禁也笑了起來。

在土地公廟旁的花生田，有人採收，有人晒花生。有河、有樹，畫面很豐富，他也注意到細節喔，連農人的水壺都畫出來啦。

鴨子在戲水，水裡面有蘆葦。遠方還有房子和山。農家的樂趣無窮，阿吉伯以前常去朋友住的地方，那裡是高雄縣太爺再進去一點。

勇氣

「在勇氣與氧氣之間——阿吉伯畫人生」，紅色的綵帶順著剪刀斷成好幾截落到地面，在醫院大廳的畫展正式展開，大家簇擁著謝良吉的輪椅進入會場，他像雀躍的孩子和大家說著每一幅畫的創作因緣，還有更重要的，他期待大家買畫的手腳快一些，這樣才能多捐些給慈濟去做好事。他最感恩簡醫師救命之恩，然後有把自己當弟弟的鶯鶯師姊，請好多證嚴上人的DVD給他許多鼓勵。

會場上，謝良吉動筆速寫簡瑞騰醫師。兩人相遇正邁入第九個年頭，簡醫師的頭髮變少了，但臉色紅潤就像當年在急診大門看到的一樣，只是，每天更加地忙碌於看診、開刀，還要四處去分享慈濟的醫療人文；而謝良吉發福許多，笑起來像個慈祥的阿公。他描繪著端坐在前方，連眼睛都滿是笑意的醫師；一位幫忙開刀、過年會帶著一家人到安養院送紅包的醫師。陳鶯鶯在一旁看著這個弟弟，她思索著到底兩個人的結緣、連結彼此間的是什麼？陳鶯鶯明白一切皆是因緣法。一場畫展見證了病人與醫師共同成就的奇蹟，但還有更多的細節，應該是只有一路走過的人才可能有所體會的吧。

現場展出的作品有佛像、卡通、古早的遊戲，還有照顧過他的醫師、護士和志工。單純的線條中填滿鮮明的色彩，大家看著看著都不覺露出歡喜的笑容，像是碰觸心底那塊早已遺忘封存的童稚與純真。

展覽中還有幾幅出人意表的作品。謝良吉在畫紙上描繪出心目中最理想安養院，通風採光良好的寢室、大大的庭院有花草四季如春。此刻，縈繞在心底最大的願望就是開一家安養院，讓所有的老人都能享受最好的服務，不再呼喊沒人理，不再每天吃些乏味的食物。謝良吉說，想要開安養院，照顧需要照顧的人，如果能和簡醫師一起開更好。陳鶯鶯笑說，這樣穩倒店！

畫展的開幕後進行到尾聲，當大家想要拍合照留念時，才發現陳鶯鶯不見蹤影。原來，剛才陳鶯鶯擠在人群中看謝良吉畫畫時，志工組來找她處理急事。一位志工組關懷的個案就在幾十分鐘前被發現跳樓輕生，送到醫院時已無生命跡象經急救後無效。

陳鶯鶯趕到急診室，和明月師姊一起陪著驚魂未定、哀傷的妻子和女兒，引導她們定下心來念佛祝福往生者輕安自在。輕生的先生酗酒、躁鬱、工作不穩定，太太不知如何幫助先生而到志工組求助、傾吐心裡的無奈和無助，後來先生會到志工組坐坐、訴說心情，也接受身心科的治療、但可惜還是沒能戒酒成功。陳鶯鶯想起第一次看到個案是在大廳時，那天，有位男子在佛陀問病圖前拚了命地磕頭，志工組的明月師姊捨不得他頭撞地的疼痛，趕緊蹲在旁邊用手墊在地下當緩衝。

一段日子後，醫院大門口的警衛緊張地到志工組尋求協助，說有人拿著武器在大廳外揮舞比劃叫囂，好危險！陳鶯鶯直覺得這應該叫警察才對吧，但還是跟著到外頭關心，這時男子赤裸上身揮舞著尖尖的物體幾分鐘後跑進了醫院大廳，跪下又說、又哭、又拜，手上拿的武器也放在一邊，陳鶯鶯示意警衛將武器拿開，靠近蹲下用手墊著讓他磕頭，輕聲的安撫他不要磕那麼用力、頭會受傷，有苦處起來說，後來他漸漸平靜下來、也乖順的讓陳鶯鶯握住手跟著起身，才發現是曾在大廳磕頭的男子。陳鶯鶯帶他到志工組喝點水，讓他抒發情緒後較安定時才送他回家，總算讓大廳外恢復平靜。

「有人拚命想辦法要活下去，往往只為了多一口氣。」陳鶯鶯從助念堂回志工的路上想著，但他不過一次跳躍就結束了生命，留下許多痛苦、遺憾、悲傷難堪給家人，也只能嘆口氣為他祝福；而像是良吉，這麼努力地活下去，就算後來不能如願走路，還是保持著努力看看的態度。以前總覺得有些醫師唯利是圖，病人不過是用來賺錢、獲得名聲的墊腳石，但是當自己從醫療志工的角度參與後，才發現有些醫師不太一樣。在辛苦的醫療專業外，願意多付出一些如家人般的關懷。確實，當醫護人員真正開始為病人著想時，不只是為名、為利，或只是重視醫療技術時，病人才有可能真正的感動，去感受有溫度的醫療。

總是，如何讓苦多樂少的人生能夠圓滿些呢？

佛國

那一天，坐在車廂裡的陳鶯鶯第一次覺得高鐵的速度，是如此的慢！前一天午後，陳鶯鶯計畫晚上回臺北探視父親。罹患大腸腫瘤的父親因為口服化療藥物的效果不好，弟弟問她，醫師建議改用注射低劑量的方式。陳鶯鶯考量需要嗎？都已經八十八歲了，但為人子女的希望有機會時總要試試看。注射了第二次標靶藥物後，副作用讓父親持續拉肚子而趕緊送醫，家人討論的結果是如果情況有變化，就不急救，讓老人家不要受太多痛苦。

陳鶯鶯打算著忙完志工組的事，到晚上再回家。卻因著關懷住院醫師考照前的緊張情緒需要與明月師姊一起陪伴關懷，她決定隔天再趕早班的高鐵回臺北。因為每當父母親住院時都喜歡有學護理的小女兒照顧、覺得比較安心。清晨四點，陳鶯鶯接到腫瘤病房的電話，一位長期關懷的個案需要她過去關懷。

除了不做醫療外，醫院上上下下的事都有志工可以幫到忙的地方。陳鶯鶯記得在東妹圓滿病理解剖後，和明月師姊為她淨身，並穿上已經準備十多年的白色綢緞壽衣，最後，戴上請師姊專程到市區挑選的白色蕾絲帽，栩栩如生的菩薩莊嚴相，讓家人覺得好安心。東妹的先生把醫院致贈的喪葬補助費全數捐出。其實，在東妹生前提出要捐出身體供醫學研究時，她的媽媽和婆婆都很不捨，媽媽勸她說：「你在生前已經開刀好幾次，受那麼多苦，實在不忍你又要受罪，叫我們怎麼捨得？不能答應你。」東妹勸兩位長輩：「阿婆、姨呀，我病了十多年，受了好多病苦，如果醫師能用我的身體研究，可能就會使更多的人不會像我一樣的受病苦折磨，說不定還能救一些人，請你們原諒我的不孝，成全我好嗎？」

那天凌晨接到腫瘤病房的求援電話後，陳鶯鶯過去陪病人到六點多，然後又趕回宿舍換衣服準備搭車去高鐵站，弟弟打電話來說父親的血壓下降，就快來不及了！帶母親過去醫院看爸爸吧，陳鶯鶯打電話給大姐，交代著留心已九十三高齡母親的情緒。

天色已經亮起來，陳鶯鶯搭車在高速公路上奔馳，遠方的中央山脈無盡地延伸，這條熟悉的路彷彿沒有盡頭。趕到太保的高鐵站後，她快步走進車廂，一心想著病榻上的父親。列車啟動後，轉眼間提昇到接近三百公里的時速，任憑窗外的景物一溜煙地往身旁隱逝，她口中念佛號、腦海裡卻都是父親生活、農作、生病時的影像。不能見到最後一面的遺憾、對父親飽受病苦的不捨，驀然，這不都是生命中難以避免的功課，每一次內心糾結、深沈烙印的痛楚痕跡，終究會慢慢累積心靈的厚度，她開始調勻呼吸，只有自己先安定下來，父親才不會擔心、放得開手，不是嗎？陳鶯鶯在心裡對著父親溫柔地說：「跟著佛菩薩走，爸爸，不要等我了！」靜心虔誠念佛祝福爸爸輕安自在、往生佛國。

順境時要修無常觀，逆境時要修因緣觀！人生的劇本都是自己寫的，面對謝良吉想開安養院的願望，陳鶯鶯曾開玩笑說，只怕會倒掉吧，哪有那麼多的財源。但這幾年的陪伴下來，她發現像謝良吉這樣也很好，因為有夢想才活得下去吧！而且一分慈悲心也是打造來世的良善人生的資糧。

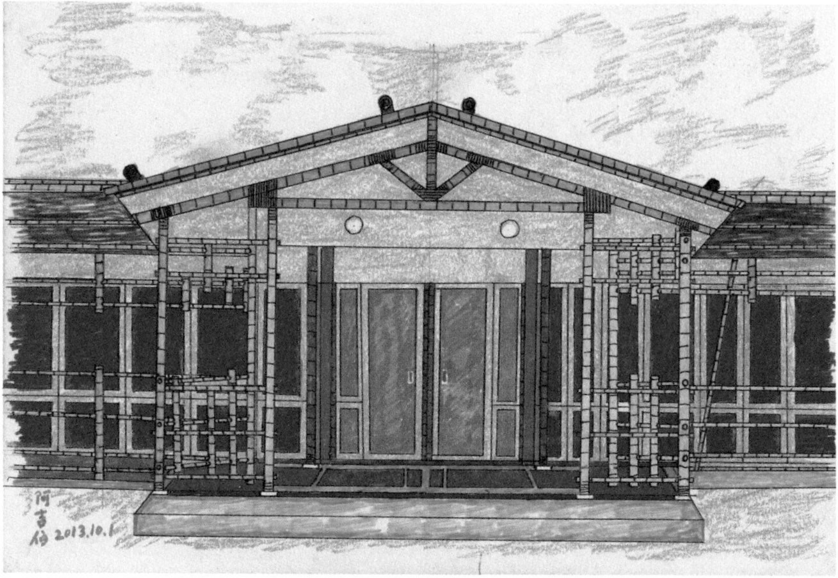
阿吉伯 2013.10.1

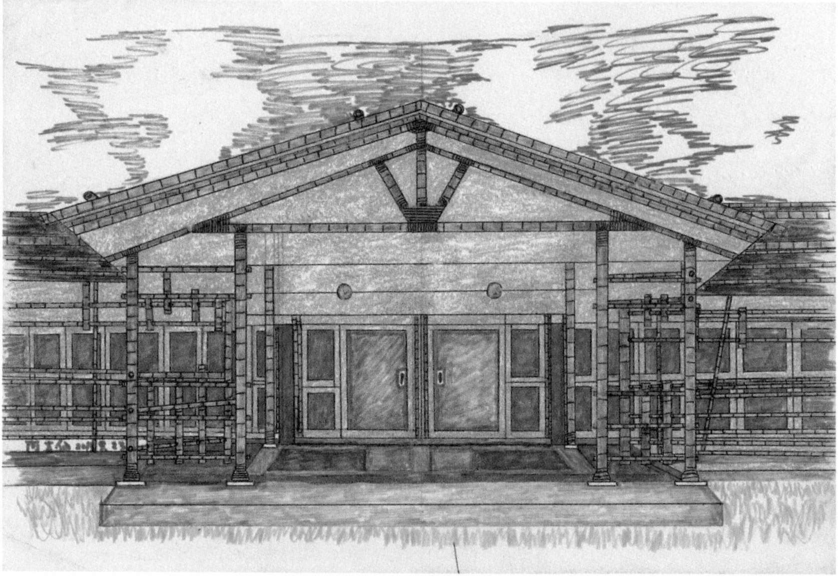

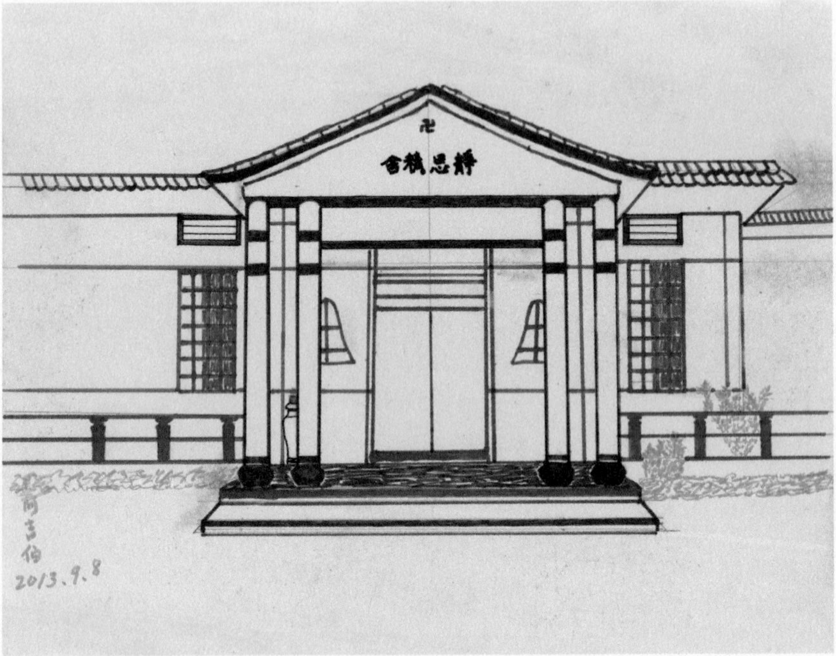

精舍畫了二十張，覺得畫不好，會歪一邊，建築的比例不對。只覺得想放棄，後來陳菊鼓勵自己。後來還用尺來量，終於慢慢能畫得端正，也比較符合比例，取得平均。

第四章

臺南的妹妹

震撼

「三個月換三十年！」

聽到阿吉伯為人生下的註腳，陳菊低喊著，天呀！雙眼移不開這位歐吉桑為自己製作的「記錄成長本」上，一張又一張怵目驚心的照片。被撼動的心情，像沒預期的一陣大風捲起了巨浪，劇烈翻攪後，把所有曾有過對於疾病的觀念徹底淹沒。在安養院的交誼廳裡，坐在輪椅上的阿吉伯幾十年來所受的病苦和歧視，陳菊不知該如何想像，但看他翻著手術前、後，以及復健的影像相互比較，臉上還帶著笑意呢！

阿吉伯自若地告訴圍繞在身邊的慈濟志工，關於每張影像的過

二〇〇七年一月五日，長期陪伴阿吉伯的陳菊師姊擔任骨捐志工，陪捐髓者回花蓮，在花蓮慈院巧遇陳乃裕師兄，分享骨捐的心得。

程。送醫前，他舌頭已經跑出來無法進食，抬不起的頭癱軟在胸前隨時有可能停止呼吸，接著是接受醫師的牽引、頸椎手術，最後是腰椎的矯正手術……。還好，最後碰到大林慈院的簡醫師，手術和復健加起來三個月的時間，把過去三十年受的折磨一筆勾銷，又是好漢一條！不然，小命早就休了。

彷彿，他像是生命的英雄般，慷慨地訴說著一則傳奇的故事，好威風；而不認識簡醫師，對慈濟的認識也還處於一知半解階段的陳菊覺得好神奇。看看治療前躺在床上的照片，整個人像支平放的拐杖，根本沒法躺平，而現在的他的身材圓圓的，看到志工來笑得好開懷，比較像是彌勒佛、土地公吧，那照片看起來有點模糊，不會是像人家電影做出來的效果吧？如果這一切都是真的，那這個人真像被風吹熄的蠟燭，又重新綻放光明。當年阿吉伯的外貌，人見人怕！

重陽節那天午後，正接受慈濟志工見習課程的陳菊跟著資深的師兄、姊走進安養院的大廳，雖然她的個頭嬌小，但一對黑眼珠骨碌碌地，像是「新鮮人」般的充沛活力，在志工藍色隊伍中依然散發著一股捨我其誰、全力以赴的氣息，但她怎麼也沒料到等待自己的是一場震撼教育。

大家依著指標順著右邊的樓梯上到二樓被管制的門前，透過一旁大片玻璃望過去，老人家們有的坐在輪椅上，盯著電視看，有的緩慢地走著，還有垂下著頭看不清表情，和剛進來前的大街上車來攘往，一動、一靜的像兩個世界。不過，當電動門緩慢地開啟再闔上後，魚貫進入的慈濟志工就要展開絕活。

每天重複的生活，期待著假日的來到，只是，不一定盼得到兒女子孫的來到，對於才從嘉義安養院回臺南的謝良吉來說，早就不奢望有誰來看他，但看到熟悉的藍天白雲身影，愉悅的心情滿溢著臉龐，心裡有一大堆話想和師兄、師姊聊。每個月固定造訪的志工像一陣乾旱許久後紛落的雨水。師兄邀請安養院的工作夥伴一起合作，先讓老人家們圍成一個大圓圈，每個人都有志工在身旁陪伴聊天、按摩。接著登場的懷念老歌演唱，原本意興闌珊的阿公拿起麥克風唱得春風得意；再來是手語帶動、傳球比賽……。但一如每回關懷活動的尾聲，在阿公阿嬤們的笑容中，又來到難過的再見時刻。

一位師姊發現老人家裡有位新面孔，只是，愈看愈面善，而謝良吉早就迫不及待和志工打招呼。那不是大林慈院的阿吉伯嗎？志工們喜不自勝地驚嘆著。大林慈院在阿吉伯出院前為他辦了慶生會，也上了隔天的電視、報紙新聞，現在從媒體中來到現實生活中。

活動區的老人們慢慢回復到原有的安靜，看報紙、盯著電視，還有望著窗外動也不動。阿吉伯忙不迭地拿出每回到大林慈院必備的「記錄成長本」向志工獻寶，才翻開封面，第一頁裡的生病畫面就把大家嚇了一跳。他說，手術完成開始復健後，就到處幫簡醫師宣傳，還會發名片，希望和他一樣的病人都能受到好的治療。但人生就是這麼無常！他說本來復健很順利，想在能好好走路時回花蓮精舍看師父，可是很怨嘆，在大林的安養院中風兩次，現在只能坐輪椅。陳菊發現阿吉伯雖然臉上堆滿笑意，但從眉宇間還是嗅得出幾許落寞。

「誰住得近一點，可以就近常常來關懷阿吉伯？」志工領隊問著。

「正在培訓的陳菊師姊可以呀，她就住在安養院對面。」有位師姊快速地回應。

「可是……要怎麼陪伴？」沈默了幾秒鐘，陳菊感受到所有目光往自己身上聚集。

有空就過來看看他、聊聊天；妳沒有問題啦、阿吉伯真的很需要人關心……，面對大家的鼓勵，沒敢馬上決定的陳菊想著先生才貸款買的透天厝，家裡有老的、小的要打點、照料，她才試著讓嘴角往上揚，試著先緩緩眼前的局面，只是看在大家的眼裡，陳菊的的一抹笑就代表著默許、同意了。接下來是怎麼和阿吉伯說再見、被簇擁著離開安養院，陳菊緊張的忘了大半。

好事

在陳菊十九歲那年，媽媽塞了五千元給她，逼著她離開梅嶺到臺南市去追尋新的生活。媽媽說，難道你嫁山上人嗎，太辛苦！風景優美的山裡，卻難有美好的日子，父執輩從小到老都忙著照顧果園裡的芒果、龍眼，還有些梅樹，好不容易收成飽滿又甜美的果實，卻得開始擔心能否賣到好價錢，是否會被商人一層又一層的剝走盡年的辛勞代價。

陳菊從楠西國中畢業後，就開始幫忙家裡的農事，她沒想和同學那樣吵著家裡繼續讀書，然後到未知的世界闖蕩一番，期盼靠著努力獲得成功的人生。因為三個哥哥都已經離開家自立，身為老么，從小就備受爸、媽疼愛，陳菊只想多幫他們分擔辛勞、陪著他們，彷彿自己還是長不大的孩子。每年十二月，當雪白的梅花披上梅嶺的山巔，陳菊聞著空氣中甜美的芬芳，她想不出還有什麼地方能比得上家裡，就算陪著爸媽一輩子也甘願。

只是，陳菊的爸媽不清楚的是，國中畢業的女兒能在城市裡覓得什麼樣的差事做呢？大概是天生的樂觀、愛交朋友，陳菊很快找到一家紡織廠，每天一大早上班，下午五點下班，同事們工作一天後早就累得哇哇叫，趕緊打卡離開，有的回家煮晚餐，要不就是相互邀約去逛夜市，但拿起包包的她偏偏直接往工廠對面的安養院去。

陳菊和安養院的人打過招呼後，熟稔地餵安養的阿公吃晚餐，一口、一口慢慢地餵，碰到老人家胃口不好，她就鼓勵他們要多吃些才有力氣，不然晚一點會餓喔。餵完飯，陳菊又準備著阿公、阿嬤要吃的藥。當大家都吃飽、餵過藥了，她又開始幫忙捏捏肩、搥搥腳的，沒一刻空閒。當朋友介紹另一半給她時，陳菊告訴男生，要和我結婚可以，但你絕對不可以擋我做好事。

同修

「他一個人很孤單」，陳菊想到這情況，哪能放著不管。就像當年在紡織工廠下班後，自願在安養院當義工，直到結婚後，因為離得太遠才停下來；而在重陽節關懷那天喧鬧的歡樂聲中，看到阿吉伯眼中企盼與無奈交錯的眼神，他怎麼了嗎？陳菊那股看到朋友有難就非幫忙不可的雞婆性，過沒幾天就帶著一袋香蕉再次來到安養院。

闔上家門，陳菊跨越兩個車道，用了十秒鐘來到安養院的大門前。進入二樓的管制區內，她和護理站打聲招呼，往工作人員示意的房間走去。保持常開的寬敞房門，應該是為了輪椅出方便，入口右手邊是間浴室，再往裡頭，中間走道兩側等距離各放三張床，盡頭是臨著大街的玻璃窗。陳菊在下一秒就瞥見右手邊第一張床上的阿吉伯，只是問候的話語來到嘴邊就止住。

阿吉伯躺在床上，兩個眼睛瞪得大的，正在發呆吧？陳菊打量著下一步該怎麼辦。你在這裡好嗎？這水果請你吃，陳菊說。師姊妳來了，歹勢啦！還讓你破費，阿吉伯說。原本顯得呆滯的雙眸瞬間回過神來，阿吉伯把頭微微地轉向站在床欄旁的陳菊，動過頸椎融合手術後，不再有生命危險，但脖子沒辦法像正常人那樣靈活了。

喜歡吃什麼嗎？陳菊告訴阿吉伯，以後會常常來探望，想吃什麼、用什麼都別客氣。阿吉伯呵呵地笑出聲，有點不好意思的他說，只要軟一點的都好，也喜歡喝涼的，夏天喝西瓜汁最讚，從那天以後，陳菊保持著每週一次的探望，因為住家和安養院只有一街之遙，她覺得就像是進家裡的廚房一樣，很方便。尤其，阿吉伯只要有人陪就很快樂。

陳菊常想著、想著就自顧地笑出來，照顧阿吉伯的承擔如果是出現在兩年前，那肯定要鬧家庭革命！

從臺南嫁到嘉義的義竹鄉，但先生因為做水電的地緣關係，陳菊夫妻倆在婚後定居在臺南。個頭和陳菊相仿的先生，個性上吃軟不吃硬，老是擔心另一半做得太累，讓身體負荷不起；但陳菊懂得施展軟功，意見不合時只要撒撒嬌，總是讓先生舉白旗。

三個小孩在婚後相繼報到，還有透天厝的房貸要付，陳菊在一樓開起早餐店，希望多少分擔一些壓力。每天大清早起床準備食材、煮豆漿，然後開店做生意。只是天然、不加人工香料的食物，很難贏得人們早已被慣壞的味覺，早餐店的生意不壞也不好地撐下去。

在國中下午放學前，陳菊一定會出門到兒女就讀的安南國中，穿上志工背心在大門口指揮交通，一天不去就會覺得不對勁。她樂於付出好心腸也獲得回報，有天正好碰到慈濟志工到學校辦活動，看著師姊一深藍色及小腿的旗袍，盤起的頭髮在頭後面別上同樣色系的髮髻，她打從心底發出羨慕的讚歎，好莊嚴。

那天，她抱著好奇上前問，我可以參加慈濟的志工嗎？回家後，很快地有師姊打電話來。只可惜，她得考量要照顧三個孩子，還有早餐店，偶爾要回義竹帶公公、婆婆去醫院看病，只能忍下心裡的企盼，先以家庭為重。不過，她從那個月開始為家人繳功德款給慈濟，慈善、醫療、教育，還有國際賑災好幾種可以指定用途的選項，原來，這天底下受苦的人好多，而慈濟這個佛教團體不只幫助需要的人，還辦學校、醫院來培養人才、醫師，真的好用心。直到小兒子準備國中畢業時，陳菊終於讓陪伴她的「母雞」幫忙報名參加志工見習課程，每個月到慈濟靜思堂上課，一步步往慈濟委員的夢想邁進。

收掉早餐店是意料中的事，看著同一條街上的連鎖早餐店總是人來人往，只能感嘆天然的食物可不一定最受歡迎，人們還是容易被過度添加和裝飾的食物所吸引，唉，人與人之間不也常是如此嗎？總要到繞了一大圈、付出代價後才恍然大悟。不再早起做生意也未嘗不是件好事，挫折感很快就在陳菊積極參與志工活動中煙消雲散。

總是一頭熱心投入的她，終於，踢到先生的大鐵板。那天晚上，陳菊參加完社區組隊的會議，騎著摩托車回到家，當用鑰匙開門時，卻怎麼也打不開。原來，先生覺得陳菊加入慈濟後，在家的時間變少，想要找她聊聊天、去外面走走還得看情況，一氣之下就把陳菊反鎖在家門外。僵持了幾分鐘，陳菊大聲喊兒子下樓來開門，結果讓孩子被父親罵了一頓。

「你是呷罷沒事做，做慈濟，有飯吃嗎？」先生在陳菊一進門就瞪大眼，開始唸不停。

「歹勢啦，你有吃飯沒？下次會早點回來。」陳菊堆著滿臉的笑容，她知道把姿態放低，等先生氣過就對了。

「干有需要日也跑、暝也跑，整天看不到人，都不累嗎？」先生的口氣從像石頭轉變成泥巴般。

「但是我很快樂，讓我去啦，不然整天在家也不知道要做什麼。對了，你有聽過臍帶血捐贈嗎？」陳菊故意轉移話題，談起和師兄、姊開會的事情。

有人說，危機總是難免，就看能否好好把握、用智慧去處理，轉機也許就在下一刻發生。臍帶血？先生原本想要往下唸的嘴戛然而止，他心裡納悶這位太太是在搬哪齣戲。陳菊就把開會時聽到的原原本本和先生講一遍，在生小孩時不是都會有臍帶和胎盤中的臍帶血，通常都是當成廢棄物丟掉，其實這樣很可惜。慈濟希望大家可以把臍帶血捐出來，就像她平常在家做的資源回收，當小孩生下來，捐臍帶血就是另一種資源回收，可以救人，也是對新生寶寶的祝福，一舉兩得。聽著陳菊的解釋，先生從疑惑的雙眼到自然地點著頭，他心想原來老婆做的志工真的不太一樣。

一個禮拜後，接到電話的陳菊趕忙換好衣服，出門前，她對著在客廳裡看連續劇的先生說，晚上很黑，你這麼疼老婆，不用和我去嗎？好啦，我來開車，先生說。夫妻倆一同出門趕到醫院，順利取得產婦捐贈的臍帶血。隔天早上，先生主動說，早上七、八點的車子多，我載你去機場送臍帶血。後來，陳菊的先生有空就會陪著她做骨髓捐贈關懷志工，配對成功後的聯絡與尋人、過程解說與陪伴、甚至到捐贈完成後的關懷。

福緣

買西瓜汁、綠豆湯、香蕉，有時，陳菊也會自己做冰涼的湯品送給阿吉伯喝，這樣比較乾淨，料也實在。陳菊發現阿吉伯的胃口真好，帶什麼給他都能吃得津津有味。陪他聊東聊西的，就是不太願意談起自己的獨生兒子。陳菊覺得納悶，臺南是阿吉伯成長與生活的地方，為什麼變成好像只有一個人似的。而有次碰到遠從大林慈院來看阿吉伯的醫療志工陳鶯鶯，就像親生姊姊般地照顧他。後來，還交代她幫忙阿吉伯買草蓆、買光碟機，感覺很特別，想不到慈濟志工要做的事這麼多，有機會該多和這位師姊討教一下。

讓陳菊真正大開眼界的是，阿吉伯以上半身三十度仰角的姿勢，一手拿筆、一手拿畫板躺在床上畫畫的功力。平常躺在床上看書都夠讓人不舒服了，何況還是躺著畫畫呢，怎麼這樣厲害！陳菊打心底佩服。尤其，阿吉伯說自己在大林的安養院中風過兩次，加上長時間躺著作畫，看東西、繪畫時總會有兩、三個影像重疊在一起。不會覺得頭暈嗎？陳菊光是用想的都覺得不舒服。

像夜晚在路燈下怎麼翻都翻不過身的金龜子，兀自掙扎，阿吉伯只要躺下來，就沒辦法靠自己坐起身；但看著他躺在床上作畫的專注，卻總讓人忘記眼前的人是多麼不自由；小孩、小狗、蓮花、大樹，單純的線條與直接的色調，如同在課堂中努力畫畫的小學生，窗外鳳凰花樹裡正是蟬聲震耳。阿吉伯每天以完成一張畫的進度過日子，沒和誰有過約定，只是藉著一筆一畫的勾勒，把過往的記憶帶到眼前，紅橙黃綠藍靛紫，生命像個過濾器，留下美好與幸福的感覺，那曾經深刻的痛苦與折磨已沈澱在不知名的角落。

然後，見識阿吉伯如此熱衷畫畫的陳菊，開始每週到安養院一手提著水果、飲品，另一手則是畫紙、彩色筆。除了自己買筆，陳菊做資源回收時，只要發現到剩一小截的色鉛筆、蠟筆，或是有朋友的孩子畢業了，大方地把獎品中的彩色筆拿來家裡，她一律往安養院送。陳菊發現阿吉伯畫得可真兇。索性把畫紙換成畫冊，只要阿吉伯快樂就好。

阿吉伯床頭旁矮櫃上的畫冊，不斷地往上疊起。清晨五點多起床，梳洗後吃早餐，阿吉伯九點開始在畫紙上構圖、描線，卡通、人物、佛像，還有兒時的記趣都是入畫的主題。吃完午飯，看護會推阿吉伯到交誼廳看報紙，下午四點多再回到床上開始為早上的作品塗上顏色，直到完成為止。阿吉伯說讀書時就很喜歡畫，讀初中時，老師覺得他畫的西班牙舞者、彈吉他的人物很好，沒說什麼就拿走，他想，自己可能欠栽培吧。

每個月當師兄、師姊來安養院帶活動時，阿吉伯總是跑第一到交誼廳等待。只是，當他閒下來時，除了畫畫，也開始抱怨安養院對他的種種「惡行」，所以他下定決心要開一家安養院來解救這些老人。陳菊關懷阿吉伯幾個禮拜後，隱忍許久的護理長終於鼓足勇氣說出口，她說阿吉伯會對看護大、小聲，讓大家都很怕他。來到寢室，陳菊刻意觀察阿吉伯和外籍看護、護士的互動，發現阿吉伯的情緒波動真不小，話說沒兩句，火氣就上來，和心目中那個愛熱鬧的歐吉桑判若兩人。

怎麼了嗎？陳菊問阿吉伯，為什麼對照顧他的人口氣不太好？這一問，像打翻了一鍋沸騰的湯，阿吉伯的抱怨很難停下來。他說在大林轉到第二家安養院，那地方簡直像在沙漠中，前無村莊後沒店，坐車到大林慈院還要四十分鐘。阿吉伯說，如果有事情要叫人，就像在叫魂一樣，大聲的叫五、六十聲後，連個影子都沒有。其實他們就在隔壁，只是不想動，甚至，還把按鈴藏起來。

回到臺南後，阿吉伯想好好休養身體，心裡仍抱著趕快康復的願望，這樣才能設法以後要做的公益事業。他想再像過去到慈濟醫院當志工一樣，能幫助需要幫助的人，為病房的病患加油打氣，這樣才是真正在過日子！

但身體的復原緩慢而難以期待，天生敏感的個性又開始把自己逼到角落的困境裡。他向陳菊抱怨，才來安養院幾天就覺得這裡沒制度！有的外勞像潑婦常去告狀、亂藏東西，或者會摸魚，叫她們幫忙時總是說沒空，還會對他大小聲。還有，看護常換人，每次都要講個兩、三遍還沒人聽得懂，結果開始生氣。

如果沒有他們，誰會照顧你？誰

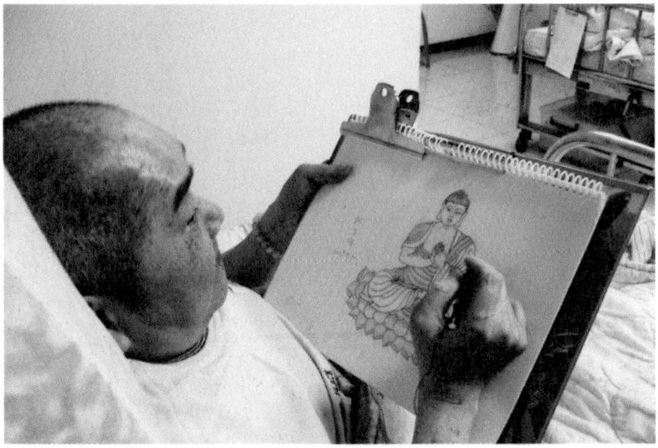
阿吉伯躺在床上創作。

會給你飯吃？陳菊勸阿吉伯要想開一點、放輕鬆些。但他點頭沒多久，脾氣又像牛一樣，跑出了柵欄後，誰能攔得了？他說，社工雅亭看到我喜歡畫畫，會列印卡通人物、蓮花的圖案給我看，後來被會計發現，竟然要求社工不要再印，還要騙說電腦壞掉，最好是這樣，那我不要畫總可以吧。

對於阿吉伯的脾氣，陳菊打電話到大林向陳鶯鶯求助。那是阿吉伯口中最尊敬的師姊，總是阿姐長、阿姐短地聊起曾對他的照顧，從進醫院接受牽引手術開始，然後歷經開刀、復健、住進安養院直到現在，水果、冰淇淋以及各種好吃的食物，尤其，當心情低落時，總是她先發現。陳鶯鶯在電話那端和陳菊說，妳就告訴阿吉人家照顧你很辛

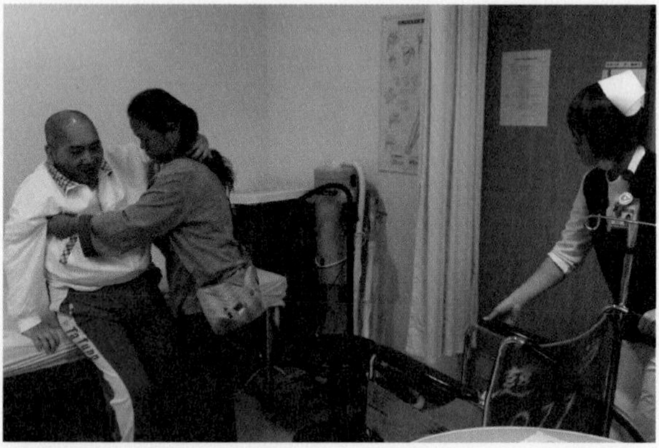

慈濟志工陳菊抱起阿吉伯。

苦，要體諒，不要以為都是應該的。

後來，大家討論決定買DVD、上人開示的光碟給阿吉伯，讓他畫畫的休息時間可以聽，更希望脾氣變得好些。至於列印繪畫題材的事，陳鶯鶯要阿吉伯問影印要多少錢，我們付就好了。每當需要花錢買東西時，陳菊總覺得沒什麼就自己承擔了，說什麼也不拿師姊的錢。陳鶯鶯覺得阿吉伯真是個有福氣的人，離開大林回到臺南，想不到出現陳菊對他細心地關懷和照顧。

警惕

阿吉伯的家人不容易聯絡得到，包括他沒結好緣的兒子，阿吉伯講一次就生氣好幾天，老和陳菊說那兒子有和沒有一樣，安養院只好把常造訪的陳菊當成他的「家人」，像是妹妹或是姪女，有什麼事，找陳菊師姊就對了，不然，哪還有像她這般隨傳隨到，凡事都好商量的人呢？

其實，陳菊想過好多次關於過照顧阿吉伯這個壞脾氣的歐吉桑，一街之隔的家人不斷釋放出擔心的壓力，還有她對自己能否照顧好阿吉伯的信心依舊缺乏；但街的另一端，阿吉伯真的很孤單、很可憐，所以也只好硬著頭皮，邊關懷邊調整方法。

但陳菊發現，至少有件事情讓她很確定，那就是：「阿吉伯像一面鏡子！」看他躺在床上，如果沒人幫忙就無法起身，這樣的人生，好苦！每次和阿吉伯說再見，離開安養院往家裡走時，陳菊都會想到四個字：「警惕自己」。

「陳菊師姊，可以帶我去大林看診？」

「醫師不是都會來安養院看診，臺南到嘉義有點遠！」

「醫師有來是沒錯，但是拿的藥，吃了都沒用！少開消炎，我想去大林看。」

「可是……你這樣不方便，我怎麼帶你上、下車？」

「我是在大林開的刀，去大林比較有效啦！」

阿吉伯的身形足足比陳菊大兩號，發福的臉龐更顯出分量不小，尤其，阿吉伯一定要有人幫忙才能起身，雖然可以站，但只能勉強走兩步，如果帶他回大林，有誰能幫忙呢？唉，這難以解釋，卻又十分關鍵的「信任」，陳菊想，這該是阿吉伯只相信那邊的簡瑞騰醫師。

「好啦，阿吉伯，我開車帶你去看簡醫師。」

「好，金多謝！我再好好介紹簡醫師、照顧我的護士、復健師給妳認識。」

陳菊回家和先生提起，先生搖搖頭說，你和阿吉伯非親非故，他那麼胖，你人那麼小，萬一不小心摔到，會被人家怪，太危險！還是別去的好。其實，家人認為平時照顧阿吉伯已經很盡心盡力了，現在還要開車去嘉義回診，這樣做志工也未免太辛苦。陳菊笑著，既然已做決定，承擔本來就需要一點勇氣。「你真雞婆。」先生說。

其實，對陳菊來說，常常需要代替必須工作的先生回到義竹，然後載公公、婆婆到大林看診，開遠一點的車、認路，都不成問題。尤其，在她心裡一直深藏著一個祕密。媽媽的妹妹從小就不會說話，成為大家欺負的對象。在陳菊小的時候，大家會在地上畫個圈圈，然後往裡面吐口水，接著，用力地踩下去。陳菊覺得好玩，也跟著大家一起踩，直到母親和說那樣做的意思是叫人家跳下井裡自殺，恍然大悟的陳菊難過了好久，怎麼連自己都變成欺負阿姨的人。難過後的陳菊許下心願，以後長大一定要做好事、服務大家。幾年前，當阿姨去世時，陳菊在心底深深地懺悔。

師仔

和先生提過的幾天後，陳菊開著家裡的七人座廂型車，載著阿吉伯這唯一的乘客往大林出發。當到慈濟醫院的大廳外時，醫療志工熱心地過來要幫忙阿吉伯下車，結果還是在下車時撞到頭，但阿吉伯臉上的笑容從沒消失過。陳菊把車開到地下室的停車場，再回到大廳推著阿吉伯往骨科的診間去。

這麼多人，陳菊脫口而出。來到候診區外的走廊，她已被眼前的候診人潮嚇著。能坐的位子、站的角落都滿了，還有坐著輪椅的病人，陳菊早從資深的師姊那聽過簡醫師的病人特別多，這次親眼看到，真擔心什麼時候才輪得到阿吉伯看診。

「仙仔，我來了！」簡醫師一次開兩個診間看診，突然有護士從右邊開門出來叫著謝良吉。陳菊趕緊把阿吉伯推進門。

「真無閒，你佇安養院好唔？是不是又胖了點？」簡醫師打量著一段時間沒見的阿吉伯。

「哈，有圓一點。這資料給你。」阿吉伯拿出一張邊角有些皺褶的剪報，上頭有則醫療新聞。

「拿這來做什麼？」簡醫師低下頭看著。

「讓你多懂一些、見識一些。」阿吉伯說。

陳菊疑惑地問：「阿吉伯怎麼叫你是老師？」「其實，阿吉伯也是我的老師。」簡醫師說。這可讓陳菊心裡面出現一個好大的問號！她覺得，醫師不總是高高在上的，怎麼說就怎麼算數；尤其，是簡醫師把阿吉伯從鬼門關救回來，是阿吉伯的大恩人，就像以前老人家說「再生父母」一樣，病人怎麼可能會變成醫師的老師呢？

那天，簡醫師給了陳菊電話，交代她以後可以直接掛號。撇開兩人互稱對方是老師這件耐人尋味的事，至少，陳菊終於發現，原來，阿吉伯只是單純地想來看看簡醫師，那感覺就像看到喜歡崇拜的偶像；每個人心情不好時，可能會因為某種原因而豁然開朗，然後整個人都很放鬆、愉快起來。阿吉伯看到簡醫師的時候有股喜不自勝的歡喜表情。

後來，阿吉伯感冒也好，眼睛不舒服也好，總是找個理由就要陳菊帶她去看簡醫師。甚至，去大林不為看診，而是到志工組找他以前住院「結拜」過的阿姐陳鶯鶯，向她要志工的事情做。雖然時間都不長，但他很熱衷於當志工的感覺。有一次，鶯鶯師姑讓阿吉伯去關懷一位五十多歲的癌症病人，因為心情不好，連帶讓家人也愁容滿面。阿吉伯就把自己的故事搬出來，講到病人都笑出來。

有時，陳菊帶公婆來醫院看診，會順便幫鶯鶯師姑帶伴手回去給阿吉伯，水果、蛋糕、銅鑼燒，都是特別挑比較軟的食物，讓牙齒不好的阿吉伯不用太費力。阿吉伯回臺南的第一次農曆年，鶯鶯師姊抽空到安養院給阿吉伯紅包。陳菊沒料想到的是此後每一年，陳鶯鶯都沒忘記過給阿吉伯紅包。其實，因為照顧阿吉伯，也讓陳菊賺到一位關心她的姊姊。

也許是陳菊的表達方式和態度容易讓人誤會吧，有時太熱心了，沒配合其他志工的腳步；當開會時發生意見不合、被指教時，陳菊覺得都那麼努力了，還會被嫌棄，變得愈來愈沒信心。陳鶯鶯發簡訊對她說，我和簡醫師都住得太遠，要是沒有你，真不知道阿吉伯會怎麼樣？在陳鶯鶯的鼓勵下，陳菊慢慢體會到照顧阿吉伯、付出之後的快樂，信心也慢慢回溫。

照顧阿吉伯的兩年後，陳菊完成志工培訓，受證為慈濟委員，「佛心師志」，和阿吉伯兩人就像快樂的志工二人組。陳菊肩頭上的承擔變多了。變故人家的訪視、往生者的助念，還有，到大林慈院當醫療志工、骨髓捐贈志工。遇到「人間菩薩招生」時，清晨五點半就要出門去四草、南華寺、果菜市場等地去幫會眾量血壓。當然，每週固定去關懷的阿吉伯已成為生活的一部分。

圓夢

「阿吉伯，簡主任說要幫你辦畫展。」陳菊這天一如往常帶來水果和畫紙。

「怎麼可能，簡醫師這麼忙，怎麼可能幫我辦畫展？」阿吉伯覺得陳菊在開玩笑，但心裡莫名地升起一股想像。

「真的，就在四月要辦。」陳菊跟阿吉伯保證。

一開始，陳鶯鶯只是想讓阿吉伯藉著繪畫轉移注意力，卻意外發現他真的蠻會畫。每當有新的作品，阿吉伯會請陳菊去大林拿藥時順道帶畫冊向簡醫師獻寶。回診時，志工組的師姊、跟診的護士都誇獎說他好厲害！阿吉伯說，我只是隨便畫畫而已。簡醫師卻說，怎麼可能，我們認真畫都畫不出來。阿吉伯心裡高興，嘴裡還是說沒有啦，隨便畫畫啦。

當人生有了希望，整個生命都開始變得不同。

陳鶯鶯決定要送給阿吉伯一份特別的禮物，於是搬了厚厚一大疊的畫本給醫院的公共傳播室，希望能在大廳裡為阿吉伯辦畫展。她說，對阿吉伯而言，畫展是一個很重要的里程碑，生命是有成就和有意義的存在。

這輩子是場遊戲嗎？病苦、打擊、挫折一波波像大浪襲來，但好像，只要耐得住看似沒盡頭的考驗，那天公伯總會給一線機會，就看自己能否抓得住。

四月六日，在乍暖還寒的春天裡，有溫暖的陽光灑落。阿吉伯一早就吃完看護送來的早餐，換上陳菊師姊交代最漂亮的衣服。黃色休閒衫、卡其色長褲，外加一件淺色的外套，腳上是全新的功夫鞋。一身藍色慈濟委員旗袍的陳菊，先將七人座的廂型車開到安養院的大門前，然後熟練地從阿吉伯的腰部環抱，一使勁就坐進後座，再迅速地收好輪椅放進後車廂；然後，她敏捷地操控著方向盤往嘉義奔去。當阿吉伯坐著輪椅被推進到大廳，已經有好多熟悉的面孔在展場紅線前等著他。

還以為只有幾個人來呢，阿吉伯心裡好高興，想不到來了好多人，真的有嚇一跳，也很感動。他想，自己是正港的「土雞」，根本沒學過，充其量只是隨便畫畫而已，卻有這麼多人參加，給他掌聲鼓勵與肯定。

和心中的偶像簡醫師，還有院長一起剪綵後，會場的投影布幕上播放著大愛臺製作的紀錄片。當出現治療前舌頭外露的畫面時，阿吉伯看到許多人還是一臉不能置信的模樣。八年了，雖然手術後因為中風讓他沒法好好走路，但現在有人照顧，又找到繪畫的興趣，阿吉伯說，感恩醫護人員、感恩上人，救了我一命，雖然現在沒辦法賺錢，但希望大家多買我的畫，我想要捐給證嚴上人做好事、幫助人。

「人生可比是海上的波浪，有時起有時落，好運、歹運，總嘛要照起工來行，三分天注定，七分靠打拚，愛拚才會贏」大家打著拍子，阿吉伯放聲地高唱。到大林就診之前就喜歡唱歌的他，卻都是與過去的弟兄們到KTV買醉，今晚得意需盡歡，用盡身上最後一塊錢，哪管明天將會如何？現在雖然唱著同一條歌，但真的是很努力的去打拚。

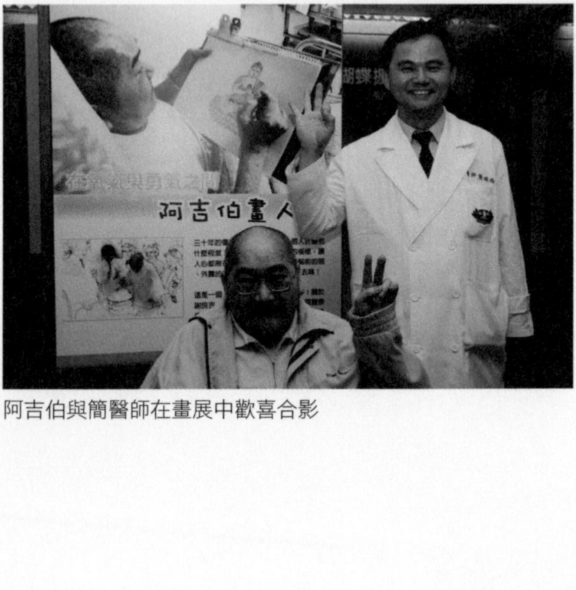

阿吉伯與簡醫師在畫展中歡喜合影

順著公共傳播室企劃的主意，陳菊在一旁扶著畫板，讓阿吉伯現場幫簡醫師畫一幅肖像。當接近完成階段時，大家開著簡醫師的玩笑說，阿吉伯畫得應該是八年前的簡醫師吧，人好年輕，而且呢，頭髮又黑又多！簡醫師則覺得應該是阿吉伯的視力變差了，他靠的是以前記憶中比較英俊的「簡醫師」來畫，所以當然就把人給畫年輕了許多。簡醫師自認現在頭髮變少了，也變邋遢了。

畫展開幕翌日，簡醫師在大林慈院與靜思精舍連線的「志工早會」中，分享舉辦畫展的心得，還包括阿吉伯把他給畫年輕許多。不過，聽完分享的證嚴上人開示，簡主任，其實阿吉伯畫出來的你的確和以前不同，以前是年輕氣盛，現在是穩重的菩薩，沒錯，大家要彼此感恩，阿吉伯曾經是一個孤獨的人，生活落魄，好在有群人間菩薩用七、八年的時間陪伴，你們都是他生命中的貴人！

陳菊從簡醫師的分享中，終於體會到他為什麼要把阿吉伯當成老師了。原來，簡醫師從美國回來後，曾經為阿吉伯失去活力而感到難過，更讓他懷疑幫阿吉伯動手術，是否真的幫到忙？當初阿吉伯的僵直性脊椎炎很嚴重，簡醫師認為只是幫忙治療，但並沒有完全醫好，事實上身體醫好後，剩下的都是靠志工們一路照顧，不只是身體上的照顧，更是心靈上的伴侶。從阿吉伯身上，簡醫師獲得源源不絕的成長動力。

當證嚴上人再度行腳大林時，簡醫師、陳鶯鶯和陳菊一同陪著阿吉伯，恭敬地奉上畫展四萬多元的義賣所得。

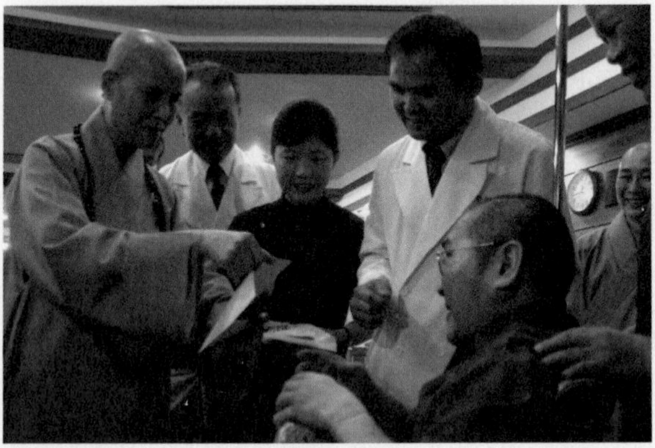

阿吉伯圓夢，義賣所得呈給證嚴上人。

功課

陳菊像個陀螺，每天不停地轉呀轉，但她卻不覺得辛苦。能有機會付出，哪能輕易地喊苦呢。但在阿吉伯畫展結束後的變動，卻讓總不怕難關考驗的陳菊顯得腳步蹣跚。

四年前，電視新聞疲勞轟炸式似地強力推銷著臺北的花卉博覽會，徜徉在一座又一座人工打造的花卉主題區中，快樂嗎？陳菊把電視轉回大愛電視臺，在天涯另一端的海地在新年一開始就遭受強震考驗，慈濟志工在五個月內持續提供醫療、食物與生活物資的援助，共四萬七千兩百零二戶、近二十萬人受益。

一陣鈴聲響起，陳菊等不及地接起電話，只是，歡喜的心情瞬間沉到谷底。去金門當兵的老大尚動來電說，腰很痛，部隊要用專機送他回臺北住院。陳菊睡不著、吃不下，趕到臺北的醫院，醫師說是長瘤，緊張地差點昏倒。六神無主的陳菊揉著太陽穴，腦海中突然閃過簡醫師在診間幫阿吉伯看病的笑容，兒子的腰痛，而簡醫師是骨科醫師……，身體裡莫名地湧現一股力量，陳菊請醫師提供檢查的影像，一秒也不想多等的跳上往嘉義的高鐵。

來到大林慈院，簡醫師指著電腦斷層影像裡，在腰椎那黑壓壓的一片。「很嚇人，怎麼會這樣？」陳菊說。「要給神經外科醫師看比較準。」簡醫師說。

「在臺北都是家醫科來看我們。」陳菊說著說著，忍不住地大哭起來。

經過度日如年的週末假日，陳菊再度回到臺北把兒子帶回大林，兩天後就進入開刀房，由神經外科陳金城醫師進行神經纖維瘤的手術。從第二節到第九節都得動到，在手術房外的佛堂裡，陳菊雙手合十默默地為孩子祈禱。原來，尚勳從國三開始就喊腰痛，竟然是因為脊椎裡面長了大大小小的腫瘤，當時醫師還說是風濕病，看病、吃藥，只說這病需要耐心控制。陳菊長嘆著，做父母的到底有什麼辦法呢？

那天的手術到很晚才結束，陳醫師下刀後還特別過來看兒子的情況，陳菊心裡有不好的預感，畢竟，脊椎裡有那麼多的腫瘤，雖然說清得很乾淨，但真的不會有影響嗎？陳菊伸出手摸著兒子的右腳，沒有半點知覺。

接下來的日子，尚勳必須坐輪椅，行動時得靠有四個腳的助行器；他也不能排尿，面臨的是漫長、無法預料最終結果的復原旅程；還有，家人對醫院的信心出現危機，陳菊痛在心裡，只能開始全心全意地陪伴孩子回診、復健，她期待著孩子能重新再過正常的生活，盼望著這一切的風雨都能趕快平息，讓她能繼續再沒有旁騖與阻力的做慈濟。

陳菊帶著憂愁面容來到安養院，她告訴阿吉伯暫時無法載他去大林慈濟，就先在臺南就近看醫師吧。其實，在照顧阿吉伯的同時，陳菊必須定期帶公公、婆婆，還有幾年前中風的母親到大林看診。患有糖尿病的公公曾受傷感染而截肢，當被診斷出有老人痴呆症後，陳菊帶他回臺南就近照顧。在兒子到金門當兵兩個月後，公公往生，但在她還無暇喘息時，兒子就被送回臺灣接受治療。回首這一路雖然做得甘願，陳菊有時也難免起煩惱心，但她沒有什麼怨言，這應該都是自己的功課吧。

盼望

陳菊陪著兒子復健一年多以後，終於盼到他不再依賴助行器，靠自己的力氣，就算只能慢慢地走，看在母親的眼裡像是老天的垂憐；而那令兒子感到麻煩與難堪的尿袋，終於也揮別了。幾個月後，尚能自己開車到臺南的醫院復健，甚至到大林慈院回診，但不放心的陳菊，偶爾還是會陪著他。最近，他到臺南勞工育樂中心上技能課程，也正準備公務人員的特考、找工作，一心想靠自己的能力賺錢。陳菊知道自己還不到放兒子完全自立的時候，但做慈濟、陪伴阿吉伯則早就悄悄地進行著，只要有一點空檔，就會跟著師兄姊去助念、關懷家屬。

也許，陳菊的先生說的分毫不差呢，她就是雞婆個性！在麻豆有感恩戶的住家需要修繕，陳菊在和志工開會時，自告奮勇要去材料行向老闆募些馬桶設備的材料，在往返的協力的過程中，陳菊認識曾經從事過水電工程的王仲篪。在婚後拚命努力工作的王仲篪，終於如願打拚出水電行的興隆事業，對太太的娘家有交代；但接踵而來的糖尿病、視網膜剝離卻拉他進入黑暗的世界。最後幾近全盲的他還好遇上慈濟志工的關懷，觀念轉了彎，人生的視野變得更開闊。現在的他自稱屬於「修理業」。學按摩後，他常自我解嘲：「若不是失去視力，他仍需在外面風吹日曬的工作，現在則是等著客人上門來讓他『修理』」。

「我想要去大林幫同仁按摩紓壓，你可以載我嗎？」王仲篪說。陳菊根本沒多想的就說：「好呀！我可以承擔。」就這樣每個月第三週從臺南市的安南開車到麻豆，然後載志工去大林。

王仲篪師兄的號召力十足，讓許多視障的朋友加入志工服務的行列。每次到大林，陳菊站在排頭，王仲篪師兄雙手扶著她的肩膀，然後大家依序排好隊後，在陳菊一聲令下，慢慢地往服務的感恩樓定點前進，就像母鴨帶著小鴨。當大家在忙著為同仁按摩時，陳菊也沒閒著，在大紙巾的中間剪出圓洞，每換一位同仁就更換一張；她幫志工們準備茶水、點心，有空檔時就去志工組拿鶯鶯師姊幫阿吉伯準備的好料。

過年前，阿吉伯想去大林看鶯鶯阿姐、常住志工、簡醫師。陳菊問：「鶯鶯師姊都會帶東西來給你，如果你去醫院要送什麼？」阿吉伯說：「送兩串蕉。」陳菊說：「那我幫你準備香蕉好了。」到大林慈院前，陳菊帶著阿吉伯到菜市場挑水果。原本看到一大串香蕉，看起來非常飽滿，只是摸了摸覺得不夠熟，應該沒辦法馬上吃。最後，挑了一大袋的橘子。

阿吉伯來到志工組，明月師姊說：「讓我們去給鶯鶯一個驚喜吧！」當推開辦公室旁的會議室大門，正在開會的志工們發出驚喜的歡呼，在院區忙的紅芬師姊也特別跑回志工組和阿吉伯聊上幾句。就像回到老家，受到兄弟姊妹、親朋好友的歡迎，阿吉伯每次都希望時間能夠就此停住，該有多好。

慈院之旅的第二站是簡醫師的診間，簡醫師和跟診的護士拉著阿吉伯合照，連隔壁的骨科醫師劉耿彰醫師都跑來參一腳。阿吉伯覺得自己真像個大明星，哪像在安養院裡叫天天不應呢！這天，還多了個行程，陳菊推著阿吉伯上到八樓的病房，想在過年前和大家說聲新年快樂。從護理站傳出的歡呼聲，再次驗證阿吉伯在大林慈院的高人氣。過去熟悉的護理長雖然調到別的單位，

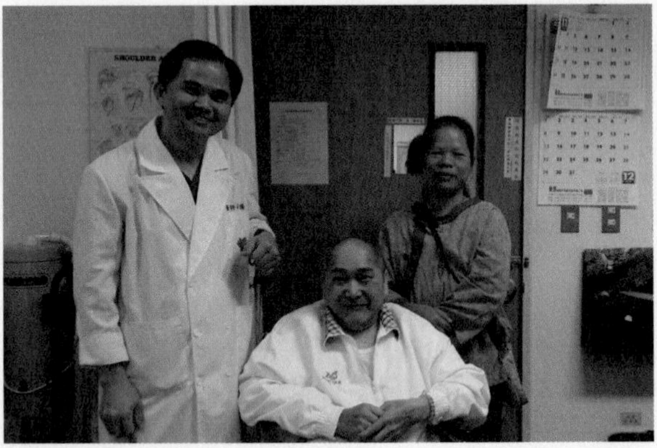
簡瑞騰醫師、謝良吉、與陳菊師姐。

沒多久就過來打招呼，至於「乾女兒」鳳姿因為當天沒當班，只好下次再看緣分。

回程的路上，阿吉伯突然想起沒到復健科找治療師明倫，覺得有點小小的遺憾。阿吉伯說，開安養院都規劃好啦，現在只欠東風而已。陳菊禁不住地笑出聲，但她沒想要再去吐槽，就讓阿吉伯繼續做著夢吧，而且他是如此深信著，有朝一日終將會達成自己的願望。

過年期間，阿吉伯的快樂指數，恰如小朋友期待過年的心情。陳鶯鶯、大愛臺的執行製作謝金容，已經早一步來看過阿吉伯，當然，不能免俗地給阿吉伯紅包。到了大年初六，輪到簡醫師帶著太太、兩位女兒來臺南。簡醫師固定先到陳菊家中會合，再一起提著大包小包的走到安養院。今年阿吉伯特別教簡醫師的女兒棒球的構造，還有變化球的手該怎麼握，當年的黃毛丫頭，現在都要上大學了。

陳菊覺得，哪有醫師給病人紅包的呢？真是位特別的醫師。當好多年前第一次看到簡醫師來臺南時，還真把她嚇了一跳。陳菊想，應該是阿吉伯才從大林回到臺南的關係，基於關心、人情吧。想不到簡醫師每年都會過來看阿吉伯，包給他紅包。甚至，簡醫師邀請阿吉伯去家裡玩。那是位於大林鎮三角里的一處被田園圍繞的農家，稻埕旁還有一大片雞舍，右手邊還有整齊的菜園，從大林慈院開車過去大概十分鐘。

每年過年送紅包祝福，左起：陳菊的先生、簡瑞騰醫師、陳菊、簡瑞騰醫師的兩個女兒、大愛臺謝金容製作人。

謝良吉到簡醫師的三角老家作客。

阿吉伯曾走船到南極，在海上就能看到漂浮的冰。南緯十五度，風浪很大，身上不時都是濕答答的。現在的畫面卻是很祥和的海上樂園，大家快樂的一起生活，沒有煩惱。

阿吉伯一下車，簡醫師的爸媽看到笑得合不攏嘴，那情緒融合著緊張、歡喜，還有已經淡去的擔憂與疑惑。他們都是純樸的庄腳人，一輩子務農、拉拔孩子，只盼望他們能有所成就、不辱門楣。當十多年前兒子決定要幫阿吉伯治療時，他們憂慮地食不下嚥，萬一手術失敗了怎麼辦？兒子可是好不容易才回到大林照顧鄉親。終究，一切都能圓滿落幕，簡醫師的爸、媽感恩阿吉伯，因為是他讓兒子有機會服務、在鄉里間獲得好名聲。而當初在病房被嚇哭的簡醫師大女兒怡嘉，以燦爛的笑容為阿吉伯介紹阿公家周遭的景色。

但大林，終究是個不能常回去的家，阿吉伯心裡頭很清楚；而真正的故鄉臺南，卻有無家可歸的窘境，他只能繼續住在厭煩的安養院裡，三不五時拜託看護幫忙買張彩券來編織著開家安養院的大夢；也許，阿吉伯只是借此轉移注意力，至少，有個寄託。

幾年前，安養院終於聯絡上阿吉伯的兒子。阿吉伯發現，原來自己連孫子都有了。只是，每回兒子都只願在安養院大門口等待，獨由媳婦帶著一對孫子上來看他，阿吉伯說，他才不在乎兒子要不要上來，但看到孫子慢慢長大，心裡還是很高興。

陳菊看在眼裡，也不知該如何化解這對父子間的冷漠；除非，阿吉伯願意試著改變態度。

活著

轉眼間，陳菊接送阿吉伯到大林慈濟已超過十個年頭。生命的當下，總在悲、欣交會間度日如秒，十年彷彿一瞬，想學人家雲淡風輕，又真能雁過不留殘影。阿吉伯的身體不自由，更期待每個禮拜陳菊的造訪，帶來畫紙和食物。她懂得阿吉伯每個表情、每句話語中所隱含的怒氣、遺憾與期盼。

安養院像座牢籠，阿吉伯最愛「放風」到陳菊家裡打牙祭。雖然桌上的菜餚都是青菜、豆腐那般尋常的家常菜，但他早就吃膩安養院的食物，能到一個真正的家庭裡度過兩、三個小時，不挑食的他吃什麼都覺得好甘甜。陳菊用中型的碗公添了一碗飯，然後邊問阿吉伯邊往碗裡夾菜。通常，阿吉伯會吃第二碗，然後再喝一碗湯。放下碗，阿吉伯抽出夾在手上佛珠間的衛生紙擦擦嘴，終於滿意的和陳菊說，感恩啦！陳菊拿張新的衛生紙對摺、再三摺，塞進阿吉伯的佛珠間。她說，又沒有什麼菜，說什麼謝。

陳菊老是聽阿吉伯講古，說以前在臺南因為找不到工作，只能靠政府的救濟過日子。有空時，就會去海邊釣魚，可以打發時間，又可以送給母親加菜。帶你去海邊走走，好不好，陳菊說。有影沒？阿吉伯心裡高興，能不回安養院，去哪裡都好。

「你看進港的漁船怎麼都歪一邊，會翻船嗎？」陳菊推著阿吉伯走在興達港的堤防上。

「別擔心，翻過去，還會再翻回來。」阿吉伯揶揄著。

他們很像一對兄妹，但真正的兄妹，也沒法像陳菊這般的耐心吧。海風吹拂著臉龐，陳菊側身看著阿吉伯，就像放假出門遠足的小孩，原來，快樂真的很簡單。

開車回家的路上，阿吉伯興致不減地說著話。陳菊想著剛才在岸邊聊的話。對呀，船翻了，還會再翻回來；也許，人生的種種並沒有絕對吧，翻了船，也不等於世界末日呢！她想起年輕時，雖然先生很努力的工作來維持家用無虞，但她覺得彼此間無法心靈溝通，慢慢開始和先生鬧情緒，有天，陳菊走安平的岸邊，那時的林默娘雕像還沒設置。她看著海浪一波一波地來到眼前，又一波一波地返回遠方。

突然，陳菊脫下鞋子，緩緩地走進海裡。海水淹過膝蓋、大腿、腰部，她覺得一陣刺痛，竟然是螃蟹咬她。海水一陣陣往身上撲來，像是要把她推回岸上。陳菊繼續走著時，被耳際的一股聲音嚇著。

「妳還有事情沒有完成……」一遍又一遍地迴盪。

後來有幾位漁民看到想不開的陳菊，大家七手八腳的把她從海中拉回岸上。臉上交雜著淚水和海水，流到嘴裡更覺得鹹澀。當混亂的局面慢慢回歸安靜，陳菊想到五十四歲的壯年就過世的父親，如果他還在的話，一定會好好孝順他，但自己根本沒有機會回報他養育的恩情。拖著一身的狼狽回到家裡，裝做一切都沒有發生似的。

回首往事，陳菊已能笑看不留殘痕。望著對面的安養院，阿吉伯這個時候應該在交誼廳看報紙吧，還是，繼續完成早上的線條稿？陳菊想著，阿吉伯躺在那床上都想要活下去，如果那時候的我真的死了，又能解決什麼問題呢？家裡需要照顧的長輩、還在讀書的孩子，還有好多事等著自己呢。

還好我活著，不然就碰不到阿吉伯了！

阿吉伯畫的是證嚴上人最早修行的小木屋。當時真的好辛苦，想到現在的慈濟世界，真的是願有多大，力就有多大。也因為有了這間小木屋，才有救人的慈濟醫院。

書中的四位人物合影，左起：陳菊、
簡瑞騰、謝良吉、陳鶯鶯。

跋

與生命的勇者相遇

大愛電視大林中心
謝金容

時序推移到十二年前，與生命的勇者——謝良吉相遇，往事歷歷在目。

當攝影師敏捷的按下錄影鍵，鏡頭下阿吉伯泛紅的眼眶，瞬間被淚水盈滿，淚，終於再也撐不住的流下臉頰，哽咽，是因為深藏內心的委屈秘密，終於被觸動，即將破繭而出⋯

曾經，活在只有今天，不知還有沒有明天的生命。我們稱呼他「阿吉伯」，也是「阿勇伯」！因為罹患僵直性脊椎炎合併第一、第二頸椎旋轉性脫位，這冗長的病名顯示出疾病的複雜與危險，大林慈濟醫院簡瑞騰醫師為他在三個月內進行八次手術，成功的度過一次又一次的生命關卡，阿吉伯終於喜獲新生。對於未來，他也再次充滿憬憬！無奈因為二度中風與僵直性脊椎炎的併發症加乘，阿吉伯曾經奮力站起，卻又被迫倒下，如今除了雙手之外，無法行動的身軀被制約在一張六尺的床上，面對慢慢時間長河，痠與痛卻從不曾停止。

到底是什麼樣的痠與痛，會如排山倒海般的令人無法承受，以致「勇」、「忍」的阿吉伯絕望地一心求往西方淨土？

痛，總是突如其來，既無法預防，也無可奈何。那椎心刺骨般的痠，總夾雜著令阿吉伯臉色刷白的陣陣劇痛，他爆筋的拳頭緊握床沿扶手，傳出嘎嘎聲響，似乎代替隱忍的呻吟聲……顏臉抽搐，雙唇緊抿，額面布滿斗大的汗珠，強大的痛似乎令時間停止，阿吉伯渴求五分鐘前注入的止痛劑趕快發揮藥效。這股熟悉的痛，已經如影隨形糾纏他超過三十年。

「痛是暫時的，不是長久的；要多忍耐，要有信心。」

這十八個字，陪伴阿吉伯勇敢忍過今生每一次的痛楚。

省思阿吉伯的一生偃蹇困窮，好不容易喜獲重生，卻又不敵病魔。得之不易的生命卻只能躺臥在床上，對阿吉伯來說，這算是重生嗎？

這是拔苦予樂嗎？從死神手中搶救回來的生命，現在卻只能束困在六尺的床上，這算治療成功嗎？簡醫師的內疚，就如同阿吉伯身上的那股無力招架的痛，日日夜夜，深深糾結在簡醫師的心坎。

隱身在鏡頭後的我，不禁開始思索生命的意義為何？惟有站上頂峰才是成功嗎？不！不能只從鏡頭看生命，跨出桎梏，誠正地與生命對話。身為影像工作者的我，透過提問、反思、沉澱、建議，阿吉伯開始畫畫、寫自傳、鼓勵病友……生命開始逆轉為善。以病苦為始的人生，在彼此生命的交會與碰觸中，不只是阿吉伯、簡瑞騰、陳鶯鶯、陳菊，抑或是我或劍興，能與阿吉伯相遇相識，都激勵我們在各自的生命裡，在共同的時空裡，見證他與死神拔河的歷程，看到人性最深層的真、善、美。病苦，不再是苦。早已轉化為福！醫病關係昇華為亦師亦友，互為感恩的人生。也再次體認，生命的價值，不在於怎麼活？而在於活著時能對他人的生命帶來正向的影響與改變。

惟有把握每一次交會的因緣，才能從中獲得智慧能量，拓展自我生命的寬度與厚度。與生命的勇者相遇，改變了我看待生命價值的視野，使我更勇於接受無常的挑戰，不會逃避，也不願錯過任何一次與他人生命相遇的機會。就如同正在閱讀這本書的您，期待您也能同我們一般，感恩喜受生命的真義。

感恩生命中的貴人

于劍興

四個角色、四段人生，因為一次偶然的交會，互為生命中的貴人！

生病的苦、工作的挫敗、意志的打擊、生命的威脅……，一個人終究能被逼到何等的絕境？

另一方面，當面臨困境的態度、勇氣、關懷、支持、幽默、智慧……，又將引領苦集的生命走進何等的視野？

本書分為四篇，每篇各有一位主要的角色，包括病人謝良吉、骨科醫師簡瑞騰、大林慈濟醫院志工陳鶯鶯、慈濟社區志工陳菊，每篇的主要角色有其本身的生命歷程，以及與本書主角謝良吉交會的部分，四段故事各自獨立，但共同串起本書主角謝良吉的完整故事。

文字書寫格式是從每位角色的當下進入，並穿越過往的記憶與遭遇，帶出對生命的體驗和認知，以及和本書主角謝良吉的關係與互動……。

曾經是活潑好動的謝良吉，熱愛棒球並加入過南英棒球隊，無奈在當兵時開始受疾病折騰，幾十年的病苦，換來旁人的異樣眼光、沒有未來的生活，甚至，命在旦夕，到底誰能拯救自己？

骨科醫師簡瑞騰回到日思夜想的故鄉行醫，不用再以為女兒取名字來抒發懷鄉的情懷，只是面對父母的期待、故鄉父老的盼望，在面臨棘手個案謝良吉的當下，他究竟該如何面對？到底，要如何成為一位自己也期待的醫師？

年過半百的醫療志工陳鶯鶯，放下事業與家業到大林慈濟醫院常住，以飽滿的生活智慧，穿梭醫院裡膚慰病人與家屬成為安定的力量。當碰到命在旦夕的謝良吉，生命展開另一段考驗不斷的旅程，愛心與智慧的交融，付出與關懷不只是熱心投入而已。

平凡的家庭主婦，樂於付出的好心腸，臺南的陳菊走入志工的慈濟世界，又意外加入陪伴謝良吉的行列。超過十年的陪伴需要多少的堅持與付出？在付出的過程中，被改變的究竟是病人、家人，或是自己？

感恩因為在大林慈濟醫院工作的關係，能名正言順的記錄他們四位的生命故事，透過參與觀察、深度訪談、參考文獻等方式，以非虛構的報導文學手法進行書寫，有每位人物的近身特質描寫，並揉入我參與觀察與蒐集資料彙整後的詮釋，期待對疾病、醫病、人與人間的情誼等面向進行探尋，帶讀者進入生動且深刻的生命場景，並透過多元的角度來體會生命與生命匯流後所激發出的正向能量。

阿吉伯與簡骨科

作　　者／于劍興
發 行 人／王端正
總 編 輯／王志宏
叢書編輯／朱致賢
責任編輯／何祺婷、曾慶方
照片提供／大林慈院公傳室、慈濟基金會、謝良吉
美術指導／邱金俊
美術編輯／林家琪
校　　對／簡瑞騰、黃秋惠
出 版 者／經典雜誌
　　　　　財團法人慈濟傳播人文志業基金會
地　　址／台北市北投區立德路二號
電　　話／02-2898-9991
劃撥帳號／19924552
戶　　名／經典雜誌
製版印刷／禹利電子分色有限公司
經 銷 商／聯合發行股份有限公司
地　　址／新北市新店區寶橋路235巷6弄6號2樓
電　　話／ 02-2917-8022
出版日期／2015年07月二版二刷
定　　價／新台幣420元

國家圖書館出版品預行編目資料

阿吉伯與簡骨科 / 于劍興著 . -- 初版 . -- 臺北市：經典雜誌，慈濟傳播人文志業基金會，2015.04　336面；21x15 公分 ISBN 978-986-6292-61-3(平裝) 1.謝良吉 2.臺灣傳記 3.僵直性脊柱椎炎
783.3886　104004962